跨文化交际及其人才培养策略

刘文军　著

吉林人民出版社

图书在版编目（CIP）数据

跨文化交际及其人才培养策略 / 刘文军著 . -- 长春：
吉林人民出版社 , 2022.8
ISBN 978-7-206-19484-9

Ⅰ . ①跨… Ⅱ . ①刘… Ⅲ . ①文化交流 - 人才培养 -
研究 Ⅳ . ① G115

中国版本图书馆 CIP 数据核字 (2022) 第 190232 号

跨文化交际及其人才培养策略
KUA WENHUA JIAOJI JI QI RENCAI PEIYANG CELÜE

著　　者：刘文军
责任编辑：孙　一　　　　　　封面设计：王　哲
出版发行：吉林人民出版社（长春市人民大街 7548 号　　邮政编码：130022）
印　　刷：长春市华远印务有限公司
开　　本：710mm×1000mm　　　1/16
印　　张：6　　　　　　　　　字　　数：98 千字
标准书号：ISBN 978-7-206-19484-9
版　　次：2023 年 9 月第 1 版　　印　　次：2023 年 9 月第 1 次印刷
定　　价：38.00 元

如发现印装质量问题，影响阅读，请与出版社联系调换。

前　言

随着综合国力的显著提升及经济全球化的持续、深入发展，我国与世界各国的政治往来、经济交流、文化互动、人员流动等越来越频繁。随之而来的是，跨文化交际呈现出常态化的发展趋势，亟须大量的跨文化交际人才，并且对人才的质量要求也在逐渐提高。也就是说，跨文化交际人才不仅要掌握基本的跨文化交际知识，还要具备较强的综合能力，其中交际能力较为重要。面对人才需求的转变，教学也要进行改革，如此才能培养出满足时代需求的人才。

鉴于此，笔者撰写了本书，在内容编排上共设置六章：第一章作为本书论述的基础和前提，主要阐释文化与交际的基础知识、跨文化交际的内涵、跨文化交际中的文化适应、跨文化交际能力培养的方式；第二、三章分析跨文化语言交际与非语言交际、跨文化交际中的英语教学；第四、五章论述跨文化交际能力培养与语用策略、跨文化交际中的对外汉语人才培养策略；第六章突出实践性，围绕跨文化交际中 ESP 复合型人才的培养、跨文化交际中文化移情能力的培养、跨文化交际中商务英语人才的培养进行研究。

本书有两大特色：一是理论联系实际，全面地对跨文化交际背景下的人才培养进行分析和解读，结合实际情况做出了相关阐述。内容结构方面，有理论知识和实际应用模块，形成了从理论到理论与实践相结合，再到实际应用的格局。二是本书的语言简明扼要，通俗易懂，没有或很少使用生僻的专业理论词汇和晦涩难懂的语句。

由于撰写时间紧迫，虽然笔者对内容严格把关，反复审校斟酌，并在局部范围内充分征求意见，但不足之处在所难免，希望各位读者多提宝贵意见，以便笔者进一步修改，使之更加完善。

前　言

目　录

第一章　跨文化交际概论

第一节　跨文化交际的内涵界定

跨文化交际这一现象并不是近期才出现的，而是自古就有。通过跨文化交际，不同国家和地区的人们可以相互交流，这种交流的过程是十分复杂的。虽然交流的时空距离在不断缩小，但是人们的心理距离、文化距离并没有随之缩小。由于受文化取向、价值观念等的影响，文化差异导致了一些冲突和矛盾的出现，不同文化背景下的人们的交流面临着严重的障碍。为了解决这些障碍，对跨文化交际进行研究是十分必要的。当然，对跨文化交际进行研究也有很长的历史。

随着人类社会的不断进步，跨文化交际的内容、形式也在不断改变。在当今时代，跨文化交际的手段和内容变得更为丰富。

一、跨文化交际的定义

"跨文化交际"一词是由著名学者霍尔提出的，常用 Cross-cultural communication 或 Intercultural communication 这两个意思相近的词来表达，起初指代的是一些长期旅居国外的美国人与当地人之间展开的交际。但是，随着跨文化交际的深入，其定义变得更为广泛，指的是不同文化背景下的人们之间展开的交际活动。

如今，跨文化交际是来自不同文化背景下的人们，通过语言、符号等形式实现信息之间的沟通，展开思想层面的交流，这一概念实际上明确界定了跨文化交际，并且从这一定义中可以归纳出以下三个方面的特点：

第一，文化背景的不同。在跨文化交际中，交际双方所处的文化背景是不同的。文化背景不同其实是一个比较复杂的概念，可以从以下两点来理解：一是不同文化圈导致的文化差异；二是在同一文化圈内，不同文化导致的文化差异。一般而言，人们眼中的跨文化交际都是从上述所说的第一点来说的，即不同文化圈导致的文化差异，如中西方之间的文化差异。

第二，使用同一种语言。跨文化交际双方往往需要使用同一种语言展开交流，这样才能让彼此听懂，如果双方使用的语言不一致，那么双方的交际将很难维持。但是需要注意的是，虽然交际双方的文化背景不同，但是仍旧需要运用一种语言展开交际，这就说明该种语言属于交际一方的母语，而另一方是后天习得的，即第二语言。例如，当中国商人与美国商人展开交际的时候，他们可以使用英语，也可以使用汉语，这样交际双方都对所使用的语言有清楚的了解，也避免了翻译时出现问题，双方直接进行交际即可。

第三，直接的言语交际。在跨文化交际的过程中，双方展开的是直接言语交际。当前，国内跨文化交际的重点是英语教学。在当前的英语教学中，翻译是其重心，这样培养出的学生主要是为了应对不同文化背景下人与人之间的交流。换言之，不同文化背景下的人们的交流需要通过翻译展开。

二、跨文化交际的重要性

（一）跨文化交际顺应交通和通信技术发展

交通和通信技术的飞速发展，使跨文化交际更为紧密，科技的进步使人们的交往方式产生了很大的改变。当前，越来越发达的交通工具和迅猛发展的通信技术缩短了人与人之间在时间和空间上的距离。乘坐飞机、火车等交通工具前往各个国家和地区成为较为常见的事情，人们与不同地区、不同文化背景的人进行接触与交流的机会增加。而互联网等通信技术的发展，更是将世界上发生的所有事情几乎同步地传递到每个角落，人们在家里就可以知晓国际新闻，可以了解不同文化背景下人们的生活方式。由此可见，科技的发展已经使跨文化交际进入了人们的日常生活，因此，如何更好、更有效地进行跨文化交际就成为人们普遍面对的问题。

（二）跨文化交际增强国际的文化交流

当前国际的文化交流日益频繁，更多的人开始前往其他国家留学、旅行或从事多种形式的文化交流活动。以中国语言和文化为例，中国学生出国留学、汉语教师到海外任教、外国学生来中国学习语言文化，这些都属于国际文化交流，这些文化旅居者并不以移民或融入当地主流文化为目的而前往其他国家，但他们要在一定程度上适应新的环境，要能够与当地人建立良好的沟通环境及人际关系，由于面对着不同的语言和文化，他们在全新的环境中往往会产生不适，感觉到交际上的障碍。因此，怎样缩短适应新环境的时间、快速提升跨文化交际能力，就成为旅居者们面临的重要问题。

（三）跨文化交际发展能够促进经济全球化

跨文化交际的发展与经济全球化也有着较为密切的关系。全球经济互相关联、互相依存，这是经济全球化最主要的特征，每个国家在经济发展方面都对国际大环境和国际合作产生越来越大的依赖性。一些跨国公司、国际合作项目遍布世界各地，这使得不同文化背景下的人们在日常工作中就形成了跨文化交流行为。员工们会通过学习与具有不同文化背景的领导、同事、客户等进行有效的交流，从而提升工作效率。同时，公司也应该对具有不同文化背景客户的需求进行充分了解，并展开有针对性的商业服务。由此可见，全球化的经济活动促进了跨文化交际的深入和广泛发展。

第二节　跨文化交际能力培养的方式

跨文化交际能力是一个异常复杂的动态系统，这就相应地带来了跨文化交际能力培养的难度和复杂性。在过去的跨文化交际研究中，越来越多的人认识到，目的语使用的"适宜性"是在跨文化交际的框架中定义的，显然，目的语使用的适宜性与跨文化交际能力的培养有直接关系。

培养交际者的跨文化交际能力，仅仅有本体论的分析还不够，要想培养交际者的跨文化交际能力，还必须从方法论的层面上加以研究，正是由于跨文化交际能力系统的复杂性和培养模式的多元要求，决定了跨文化交际能力培养方式的多样性。

一、跨文化交际能力培养的对比加强法

人总是在特定的语言文化环境中生长的，并受特定语言文化的影响，其一言一行必然带有某种语言文化的印记。来自不同语言文化背景的人们在进行交际时，难免会遇到不同的问题，因为世界上没有哪两种语言文化是完全一样的，总有着或多或少的差异。在一个文化背景下，许多人们习以为常的现象，对于异文化的人而言，可能很难理解，这是因为缺乏对语言文化差异的了解。

从跨文化交际语用失误的实际情况看，很多语用失误，至少是那些可以找到根源的，除了粗心和一时疏忽外，大部分是由于母语的干扰造成的。这些干扰既有语言系统本身的干扰，也有语言文化的干扰，交际者只有从跨文化现实出发，认真地把母语和目的语进行具体比较，才能了解语误究竟错在哪里。

单纯地从母语或目的语角度去研究这个问题，就不能正确地分析跨文化交际时的语用失误或冲突问题。因此，加强不同语言之间的对比，是增进双方彼此了解的重要途径，当然也是提高跨文化交际能力的有效方法。

显然，根据语用失误的来源，对比也就相应地有不同语言系统本身之间的比较，也有母语和目的语之间的文化比较。不论是语言系统的对比还是文化之间的比较，都是一项非常庞大的工程，但又是每个跨文化交际者的必修课。相对而言，语言系统本身（语言、词汇、语法等）的对比较之文化之间的对比更明快、更直观、也更易于操作。而进行两种文化间的对比就复杂得多。当然语言系统本身的对比可以和文化的对比相结合来进行。因为影响语言理解和语言使用的文化因素一般隐含在语言的词汇系统、语法系统和语用系统中，所以可以从词汇、语法、语用三个层次入手揭示交际文化因素。

二、跨文化交际能力培养的文化获取渠道

在从一种文化进入到另一种文化，与另一种语言文化背景的人进行跨文化交际时，交际者不可能在短时间内对交际对象了如指掌，也不可能在极短时间内完全适应一种新的文化环境，从这一点说，跨文化交际过程本身就是一个了解与适应的过程。所以，扩大跨文化交际中文化获取的渠道，

全面了解异文化，尽快缩小对目的语文化适应的时间是减少或预防跨文化交际语用失误、顺利完成交际的重要途径，也是培养和提高跨文化交际能力的重要途径。

从文化获取的渠道来看，有口头的言语交际，有书面的言语交际，有宏观的、有微观的、有静态的、有动态的、有语言的、有非语言的、有直接的、有间接的……可以通过交际者的有意观察，也可以通过实地调查，还可以求助于文献等。因此，只要交际者留心注意，生活中到处都是文化信息的通道，交际者要想较快地提高跨文化交际的能力，扩大信息来源的渠道是非常重要的方面，如果交际者把自己封闭起来，与异文化绝缘，切断与异文化的通道，那么这样的交际者只是一个文化的孤家寡人，他的跨文化能力的培养也就无从谈起。

当然，在扩大文化信息通道的时候，要尽可能地多选择文化信息密集、覆盖面广而且具有典型民族特色文化的信息通道，进入这些信息通道后，就可以从中获取大量的能较好地提高跨文化交际能力的素材。对中国人而言，要想高强度地获得西方的文化信息，就要阅读外国的优秀文学作品。此外，文学作品之所以生动具体，是因为它提供了事情发生的背景和场合，每个人都存在他（她）的身份以及他（她）与其他人的关系。优秀的文学作品从来不停留在表面，而是深入到人物的感情和心理状态中。并且文学作品涉及社会的各个方面，从历史到现今，从主流文化到多种亚文化。从这个角度来看，可以说没有任何其他材料可以替代文学作品。阅读文学作品的另一个特点是读者的感情与书中人物融合在一起，亲身体会人物的喜怒哀乐，完全进入作者所制造的氛围，在不自觉中汲取了文化营养。

由此可见，阅读文学作品能给人各种间接的生活体验，接触到许多文化信息，其生动性与深刻性使人经久不忘。一个交际者的文化信息渠道越多，获取的信息量越丰富，他对该文化的了解也就越全面、越深刻，他就可能比较快地融入民族语言文化环境中，与对方顺利地交际，尽可能少地减少文化的语用失误。

第二章　跨文化语言交际与非语言交际

第一节　跨文化语言交际

语言是交流的重要工具之一。文化不同，语言内涵（语言文化知识）及其表达方式也就存在差异。语言与文化有着极为密切的关系。语言是文化的产物，又是文化的载体，它一方面丰富了文化的内容，另一方面又不断推动文化的发展和进步。文化决定语言的表达方式，而文化的内涵则需要通过语言的传递表现出来。

"言语交际实质上就是交际双方处理信息的过程。"[①]例如，"It is very cold outside"传递了"外面很冷"的信息；"I am hungry"传递了"我处于饥饿状态"的信息。语言也是人们建立关系的桥梁和纽带，因为语言可以设定交际的目的，表明交际的情感和态度等。语言还是人们进行交际的策略和手段，具体如下：

第一，语言符号的识记功能。语言符号是人们在长期的生活实践中总结形成的意义符号系统，其形、音、义都具有一定的稳定性，因而，人们可以学习认知、记忆储存、输出运用，以便完成对事物、事件、行为、规则等信息的记录与交流传递。例如，学习汉语词汇"毛笔"，掌握了其读音"máo bǐ"，是一种用来进行文字信息书写记录的工具，并与其具体的实物相联系来完成对"毛笔"的学习认知过程，在以后的任何时候，见到该事物就知道其名称和功能，并随时可以用来传递相关信息。

第二，语言符号的审美功能。按照一定的规律，语言符号可以进行灵活组合而产生语音、语义，甚至形态上的美感。例如，英语中的"Was

---

① 张笛. 汉语儿童句末语气词获得研究 [M]. 新华出版社，2019：82.

it I saw?"就蕴涵了"w-a-s-i-t-i-s-a-w"的字母回环美。英语句子"The crowds melted away"是指人群慢慢地散开，句中的 melted（像雪融化一样速度缓慢）就具有含义美。汉语也一样，如"品"是由三个"口"组成的，指原本可以一口吃（喝）完的东西分做三口来完成，是指享受其质量内涵的意思，从而也引申出汉语词语——"品味"。

第三，语言符号的表意功能。语言符号可以用来表述各种行为、事件、观念、关系及观点表达等，用于构建社会群体间的社会关系，确立人们在一定群体范围内的位置和关系等。在交际过程中，交际含义会受到多种因素的影响和制约。因此，语言符号可以用来表现三种相互依赖的社会和文化含义，即表象意义、倾向意义和组合意义。

第二节　跨文化非语言交际

非语言交际(nonverbal communication)是指不使用语言，而是使用眼神、手势、身势、面部表情等肢体语言，以及服装、沉默、身体的接触、人际距离、讲话音量、时间观念、对空间的使用等进行的交际活动。

"语言是人类进行交际活动最重要的工具，但当人们进行交际活动时，除了运用有声语言进行交流之外，往往还同时伴随着手势、眼神、面部表情、身体动作等无声语言"①。人们的直接交际活动中，大概10% ~ 30%的信息通过语言传送，70% ~ 90%的信息则依靠非语言手段解决。

一、跨文化非语言交际的特征

第一，多变性。非语言交际没有正式的规则和模式，没有固定的结构，这就需要语言交流者结合自己的理解和实际语境才能确定非语言交际所表达的真实含义。

第二，持续性。非语言交际是持续不断的，不受时间的线性特征制约。语言交际开始于声音的发出，声音结束即意味着交际的结束。而非语言交

---

① 张矣. 论无声语言在社会交际中的作用［J］. 长江大学学报（社会科学版），2009，32（4）：102.

际则可以延续，只要交际双方还在，交际就可以继续。

第三，鲜明性。非语言交际的特点在于简洁、直观、鲜明，并且也简单易懂。比如，大部分交通标志就是用图形和符号来代替文字表示各种指令，指挥交通。

第四，隐含性。在有的场合和时间，直接用语言传递信息可能不方便或不合适，非语言交际就有了用武之地。如人们在做游戏或交谈时，使用眼色或打手势等向对方传递信息等。有的时候，这种隐蔽传递信息的功能是必不可少的，并且是语言行为无法替代的。

第五，普遍性。非语言交际的多种形式可以跨越不同文化、民族和国家而得到认可并成为国际社会公认的交际手段之一。有研究表明，在表达高兴、气愤、害怕、惊奇时，不同种族，有着不同文化背景的人们令人意外地共用相似的面部表情。在体育比赛中，裁判的动作都可以不需要翻译而被各个民族的观众所理解。

另外，非语言交际手段是更受信任的交际形式。在进行语言交际时，由于人们为了某种目的，可以有针对性地组织语言，这样，语言交际所传达的信息就有可能不准确、甚至完全是虚假的。与此相反，非语言行为相对而言却更为真实和可信。这是因为非语言行为不容易作假，一般来说，除了经过特殊训练的人以外，普通人是不容易控制自己的情绪和潜意识的，有时甚至完全处于无意识之中，如害羞时满脸通红、害怕时脸色苍白、手脚发抖，特别是心跳、呼吸速度、体温、瞳孔缩小和身体战栗等都比其他动作更难以控制。

二、跨文化非语言交际的功能

在实际的语言交际中，非语言行为具有以下功能：

第一，重复功能。重复功能是指在交际过程中重述交际信息。例如，当帮人指路时，在用语言说明后，又用手势等再次指明方向，这就是一种重复。又或是在买包子时，可能会说要两个包子，同时，伸出两个数字，表示"两个包子"。此时，非语言信息与语言信息相互重复。在讲授英语生词和句子意思时，教师用英语讲过之后，如果学生不能很好地理解，则可以适当用非语言手段来重复生词或句子，从而达到预期的教学目标。

第二，抵触或否定功能。有时，出于这样或那样的原因，非语言信息与语言信息所传达的不一定一致。因此，非语言手段表达的信息应尽量与语言信息保持一致，不然很容易误导对方，这时，非语言信息与语言信息的一致性至关重要。

第三，替代功能。在某些特定时间和场合，不能或不便用语言信息，此时，往往用间接、曲折、较隐晦或委婉的非语言方式来代为传达某种信息。如在中国，主人希望客人离开或者厌烦客人时，就把茶杯倒扣在桌子上，客人就会知道自己应该离开了；在英语课堂上，非语言行为可以作为掌控课堂的重要手段，如在学生喧闹时，教师可以将食指放嘴巴前，做出"嘘声"的手势，学生便能很快领会教师的意思，并安静下来。

第四，补充或辅助功能。作为语言沟通的辅助工具，非语言行为可以对语言行为起到补充、辅助的作用，它伴随语言而出现，能使语言表达更准确、更有力。在领读英语生词或纠正学生的发音时，教师可以边读，边用手势标调，这样可以借助手势来辅助教学。

第五，强调功能。强调功能主要指运用非语言手段使语言的内容更鲜明、突出，或者表明其不同凡响或重要之处。这里的非语言手段和语言手段共同表达一致的内容。作为教师，对每节课的重难点要加以强调，语言上的强调可能会引起学生的反感或让学生产生畏难情绪，不妨通过非语言手段，更能达到让学生掌握的目的。

第六，调节功能。非语言交际可以帮助调节人际交流时产生的来往信息流，调整对话的节奏。例如，人们常常以手势、眼神、头部动作和停顿等表示自己要讲话、已讲完、或不让人打断。例如，当一个人讲话时一时语塞，但又不打算终止发言，这时，人们就会发出"噢"或"嗯"等声音，同时用手抚摸下巴或摸头，表示"正在思考"，还有话说。又如在两人对话时，有一方常常以点头、提高声音、拍对方的肩膀等暗示对方继续说下去或住口，从而起到调节两人之间交流的作用。

三、跨文化非语言交际中文化冲突与避免方式

跨文化非语言交际中造成文化冲突最主要的方面在于各国家、各地区、各民族之间的文化差异。这种差异主要有四种特征：表达的含义相同，但非语言行为动作可能不一致；同样的非语言行为，但在不同文化中其含义不同；在一些文化中具有的非语言行为，在其他文化中没有；在有的文化中，

只传达出一种含义的非语言行为在其他文化中可以表达多种含义。如果不了解交际对象的非语言交际方式，或者对此不够重视，那么势必会造成文化的障碍和冲突。

要使跨文化非语言交际获得成功，可能会面临很多挑战，因而要重视非语言交际的效能，恰当地与来自不同语言和不同文化背景的人交流。首先，要持有求同存异的态度。尊重其他民族文化、尊重别人的文化规范和价值观，在文化中寻找共性，尊重文化差异。其次，清楚了解自身非语言交际的特点，审视自己所持的态度，了解自身的非语言交际风格，并适当控制自我的非语言表达行为。再次，排除自我的文化优越感，为对方考虑，把自己放进对方的文化背景中，去体会他们的感受。最后，让非语言交际为语言交际起到很好的辅助作用，但不能过分夸大非语言交际的功能，更不能使之完全取代语言的交流。此外，还应当认真倾听并理解对方的语言，并做出适当的反馈。

第三章　跨文化交际中的英语教学创新

第一节　跨文化交际中英语教学开展的基础

一、语言与文化、语言教学与文化教学的联系

语言与文化的关系非常复杂。研究语言与文化之间的关系，有利于学习者更好地学习语言。语言学是英语教学的理论基础，随着语言学的演变与发展，语言学也出现了很多的分支学科，如认知语言学、结构语言学、心理语言学、文化语言学、社会语言学、功能语言学等。语言学不再是单一的学习，语言学也开始向着跨学科的方向发展。正因如此，语言也与认知、结构、心理、文化、社会、功能等存在着紧密的联系。这里需要指出的是，无论是语言的形成，还是语言的发展，都与文化有着相关的联系。

语言有很多功能，其中外显功能和潜在功能是语言研究的重点。外显功能通常表现为交际功能，主要的表现形式是语言的输入和语言的输出；潜在功能通常表现为语言的感知功能和思维功能。潜在功能与认知心理有关，属于认知心理的研究范畴。无论是语言的外显功能，还是语言的潜在功能，都不是孤立存在的，而是相辅相成的。语言在使用的过程中也通常体现为外显功能和潜在功能。

另外，无论哪种形式的交际活动，都离不开个人的感知活动。在人进行有选择性的感知过程中，语言、经验、文化、情感等都会对这一感知活动产生影响。个体在感知、转化后就能实现语言的输入和内化。在内化为自己的思想后，学习者要将自己的感知和思想表达出来，这就涉及语言的输出与外化过程。无论是在语言的输入、内化阶段，还是语言的输出、外化阶段都需要学习者结合语言背后的文化，只有这样才不会脱离语言背后

的文化，才能使思想和概念的转化更有价值和意义。

随着经济全球化的发展，英语教学也在不断发展。英语教学的目标有很多，单就高校英语教学而言，其最大的目标是培养和提高英语学习者的交际能力和水平。"培养跨文化交际能力是现代英语教学的发展趋势之一，而这一趋势也反映到我国英语教学的主要阵地即中学英语教学之中，这就要求英语教师要有丰富的跨文化知识和较强的跨文化交际能力"①。因此，要想提高英语学习者的英语交际能力和水平，就应该提高学习者的跨文化意识，使学习者在学习英语的过程中了解和学习语言背后的文化。同时，教师在英语教学中，还应该引导学生通过对比的方式来了解和理解目的语文化和源语文化。

另外，教师还应该要求学习者不断挖掘目的语文化，通过系统分析，掌握交际中目的语文化的真正内涵，不断调整自己的认知图式，避免自己的汉语思维定式。除此之外，还需要强调的一点是，在英语教学中，如果教师不注重文化的融入，那么英语教学就无法实现跨文化交际目标。因此，在实际的英语教学中，教师应该将文化教学融入英语教学中，实现文化教学与英语教学的有效融合。

随着多元文化的发展，人们越来越关注跨文化交际能力的提高。培养和提高学生的跨文化交际能力，必须同时关注英语教学与跨文化交际能力的培养，并将两者有效融合。在两者结合的过程中，英语教学与跨文化交际学在相互作用、相互影响下共同发展，共同促进跨文化交际能力的实现。跨文化交际能力涉及很多的内容，其中英语交际能力是最为关键的内容。英语交际在很大程度上影响着跨文化交际能力的提高，因此，高校英语教学十分重视英语交际能力。另外，语言与文化之间存在着相辅相成的关系，所以在注重跨文化交际能力的同时，也应将文化融入具体的教学中，从而实现跨文化交际的目标。

二、跨文化英语教学是英语教学发展的关键

英语教学的过程是一个长期复杂的过程。影响英语教学的因素有很多，

---

① 邓道宣，李佩芫. 培养跨文化意识提高英语教师素质 [J]. 乐山师范学院学报，2002，17（1）：93.

其中教师因素、学生因素、教学内容因素、教学环境因素、政策因素对英语教学的影响最为显著。同时，英语教学还涉及很多内容，例如，教学方法、教学理论、师生关系、教学观念、教学模式、学生认知等。如果英语教学不注重与其他学科的融合，只是单一发展，则不利于英语教学的长期可持续发展。因此，英语教学应该努力借鉴其他学科的最新研究成果，并从其他学科中吸收经验。另外，英语教学的最终目标就是培养综合型、实用型、创新型英语人才，为国家和社会的发展源源不断地输送优秀英语人才。因此，在英语教学中，英语教师应该紧紧围绕教学目标来安排教学活动，不断更新教学理念，关注学习者个体的差异性，采用多样化的教学手段和方法，从而实现学习者的全面发展。

随着文化多元化格局的形成，以及经济全球化的发展，再加上语言与文化之间密切的关系，英语教学融入跨文化交际是必然趋势。也就是说，在当前形势下，英语跨文化交际教学是英语教学发展的必然结果。具体而言，把文化教学融入英语日常教学中，有利于学习者在具体的文化语境中更好地理解和学习英语知识，有利于学习者结合语言背后的文化来了解源语的思想和情感。这种浓厚的文化语境和氛围，有利于激发学习者学习英语的兴趣，提高学习英语的热情和效率，从而达到事半功倍的效果。

另外，跨文化交际能力的提高不仅与英语教学有关，还与文化教学有关。只有将两者有机结合起来，才能最大程度地促进学习者跨文化交际能力的提高。如果在英语教学中不融入文化教学，就不利于培养学习者的跨文化交际能力，也不利于学习者亲身体验跨文化交际。总而言之，将跨文化交际融入英语教学中，不仅有利于学习者了解语言背后的文化，还利于适应当今英语教学的发展，更利于学习者跨文化交际能力的提高。因此，融入跨文化英语教学是英语教学发展的必然趋势。

三、跨文化交际中英语教学开展的意义与作用

（一）满足英语教学的发展

文化因素是影响和制约语言表现形式的重要因素，它在跨文化交际中起着不可替代的作用。很多人在跨文化交际中由于缺乏文化理解而导致文化错误。文化错误对跨文化交际的影响是巨大的，文化错误很容易使交际双方产生误会，更为严重的是，还可能使交际双方产生敌意，严重阻碍跨

文化交际的顺利进行。因此，在跨文化交际中，交际双方应该充分了解两种语言之间的文化差异，尽可能地规避文化误解。只有这样，交际双方才能将自己的思想、情感、观点等表达出来，才能保证跨文化交际的顺利进行。

随着文化多元化的发展，跨文化交际已成为一种必然。要想保证跨文化交际顺利进行，就必须在注重语言教学的基础上重视文化教学，从而实现语言教学与文化教学的有效融合。总而言之，将跨文化交际融到英语教学中，有利于提高学习者的跨文化意识，有利于从文化角度来理解外国语言。同时，在英语教学中融入跨文化交际，是当今时代对英语工作者的要求，只有这样，才能使英语教学适应当今时代的发展，也才能促进英语教学的可持续发展。

（二）适应中国社会的经济发展

改革开放 40 多年来，中国在经济、文化、科技等方面发展迅速，中国与世界各国的贸易往来、文化交流也越来越密切。随着中国经济的快速发展，中国对国际贸易人才的需求更加强烈。优秀的国际贸易人才，并不是只具有扎实的理论知识，还要具有很强的综合能力，当然也包括跨文化交际能力。

跨文化交际能力，简单理解就是进行跨文化交际的能力。在跨文化交际中，交际双方不仅要进行文化交流，还要进行文化互动，这就要求交际双方具有很强的跨文化交际能力。要想提高自身的跨文化交际能力，学习者应该深入理解和掌握英美国家的文化背景，比如：风俗习惯、思维方式、发展历史、思想观念、生活方式等，并将这些文化与本国文化进行对比，从而更深入地理解英美文化。基于此，教师应该在英语教学中融入跨文化交际，同时注重跨文化交际人才的培养，这样才能适应中国当今经济的发展。由此可见，跨文化交际视域下的英语教学对促进中国经济的可持续发展、对更多优秀跨文化交际人才的培养有着举足轻重的作用。总而言之，英语教学结合跨文化交际教学，能够适应经济发展，能够满足经济发展对跨文化交际人才的需求。

（三）促进大学生个人与社会性发展

个人与社会并不是孤立存在的，而是存在着密不可分的关系。个人在生存和发展中扮演着很多的角色，而社会角色就是其中最为重要的。人处于社会生活和生产中，只有不断学习才能适应社会的发展。而个人的学习与社会生活、生产等方面密切相连。可见，人的学习离不开社会这一大环境。另外，学习者通过学习可以了解自己与社会的关系，并在学习中积累知识和经验，提高自己的综合能力。

大学生的社会性发展关乎着国家经济的发展，要想促进大学生的社会性发展，就必须对大学生进行教育。在当今多元化时代的影响下，大学生面对的社交人群都比较复杂，大学生只有通过多样化的交际方式才能适应当今社会的发展。跨文化教育是经济全球化、地球村时代的产物，它对于大学生跨文化交际意识和能力的提高意义深远，同时它符合当今时代的要求，因此，跨文化教育备受关注。由此可见，跨文化教育与大学生社会性发展的目标是契合的，跨文化教育在很大程度上可以促进大学生的社会性发展。

具体到英语教学中，跨文化教育在英语教学中也起着重要的作用。随着社会的发展，跨文化交际也在不断发展。因此，在英语教学中，教师应该融入跨文化教育，这样有利于避免交际双方的文化误解和冲突，有利于交际双方尽快了解双方之间的差异和分歧，增强不同文化的认同感，尽可能地达到求同存异的结果。由此可见，英语教学中融入跨文化交际是文化多元化发展的必然结果，也是大学生社会性发展的必然要求。

（四）顺应高等教育国际化发展趋势

高等教育是教育的重要组成部分，在很大程度上促进了教育的发展。随着国家对高等教育关注度的日益提高，高等教育呈现出国际化发展的趋势。跨文化教育在高等教育国际化发展中起着不可替代的作用。

跨文化教育的实施有利于提高大学生的跨文化交际能力，有利于我们了解国际形势，有利于中华文化与世界文化的对比与相互借鉴，有利于吸收世界其他国家的办学经验，有利于促进高等教育的国际化。同时，进行跨文化教育还有利于高等教育的融合发展。总而言之，跨文化教育能够在很大程度上促进高等教育国际化的发展。

世界各国之间由于风俗习惯、思维方式、价值观念等方面存在着很大的差异，因此，世界各国的文化也存在着很大的差异，文化差异是跨文化交际的主要障碍。跨文化教育应该注重文化差异，引导学生探讨、对比、总结文化差异及文化差异的规律，如此才能使学生真正了解对方文化和两者之间的差异，并在跨文化交际中注意文化差异，从而避免跨文化交际的文化错误。要想克服文化障碍，避免文化错误，就要注重跨文化教育，只有这样才能使跨文化交际顺利进行。高等教育是跨文化教育实施的重要载体，在跨文化教育中起着不可替代的作用。只有保证高等教育的国际化发展，才能更好地开展跨文化教育。由此可见，跨文化教育与高等教育之间存在着紧密的关系，两者相互影响、相互促进。

第二节　跨文化交际中英语教学任务及其策略

一、跨文化交际中英语教学的任务

（一）培养跨文化意识

高校英语教学中融入跨文化交际，是当前高校英语教学适应当今时代的必然要求。在跨文化交际的影响下，高校英语教学的主要任务就是在培养大学生英语听说读写译能力的同时，更注重跨文化交际意识的培养。跨文化交际意识强调的是学习者对目标语文化的意识和理解。学生跨文化意识的培养是可以在英语教学中实现的，不过，这对教师提出了较高的要求，要求教师有意识地挖掘教材中关于文化教学的内容，同时借助网络进一步拓展文化教学的内容，最好可以将内容与学生学习的实际结合起来，这样学生就会体会到跨文化学习的乐趣，同时也能更乐于学习文化知识。

（二）提高文化素养

传统高校英语教学忽略了文化因素的融入，也忽略了学生文化素养的提高。而跨文化交际视域下的高校英语教学实现了传统英语教学和文化因素的有效融合，其教学除了注重英语语言的基本教学目标外，还包括提高学生的文化素养。具体而言，教师可以从以下方面着手：

1.尊重学生的内心世界

学生是英语教学的主体，其态度、动机、兴趣、心理等都会对英语教学产生影响。教师应该通过各种手段了解学生的内心世界和学习需求，不能一味地进行知识灌输。同时，教师应该注重学生的主体地位，改变传统的以教师为中心的教学模式，与学生平等交流和讨论，从而与学生构建平等、和谐、融洽的师生关系。另外，教师还应该了解学生的个性，并为学生营造可以发展个性的平台，从而促进学生的个性发展。

总而言之，学生有着自己的思想和心理活动，教师应该通过交流、谈心的方式来了解学生的内心世界，并建立平等的师生关系，从而激发学生学习的兴趣，调动学生学习的积极性。

2. 注意在英语教学中实施情感教学

情感教学在英语教学中起着重要的作用。情感教学的实施离不开和谐、融洽的教学氛围。因此，教师应该在英语教学实践中为学生营造和谐的课堂环境，并注重情感教学的融入。下面对其进行具体分析。

（1）以学生为中心，了解学生的需求，结合学生的实际情况来进行教学。同时，与学生建立良好的师生关系，使学生对英语学习产生兴趣。

（2）教师要避免将自己的坏情绪带入课堂，应该以一种积极、乐观的情感进行教学。只有这样，学生才会被这种积极、乐观的情感所感染，从而更积极主动地学习。

（3）以一种宽容的态度来对待学生的语言错误。在英语学习过程中，由于文化差异的客观存在，出现语言错误是无法避免的。教师应该根据学生的具体错误来选择不同的策略。不要一味地停留在对学生的纠错中，这样不利于调动学生学习英语的积极性。

二、跨文化交际中英语教学存在的问题

（一）跨文化教学缺乏理论指导

长期以来，中国的英语教学主要以国外英语教学理论为指导，这些国外教学理论有些不符合中国英语教学，更不能对中国英语教学实践起到理论指导作用。同时，中国的英语教学并没有长期的规划，虽然开展英语教学很多年，但并未形成完善的英语教学理论体系。另外，无论是教育教学的相关领导，还是其他部门，抑或是英语教育者都没有意识到教学理论对实际的教学实践指导的重要意义，从而对英语教学理论的研究没有投入足够的人力、物力。英语教学的相关教材也没有将英语教学理论置于重要的位置。

近年来，虽然英语教学中融入了跨文化教学，但是由于跨文化教学缺乏理论指导，教师只是根据自己的知识结构和经验来讲述一些文化知识，这在很大程度上也制约了跨文化交际下高校英语教学的发展。

（二）教师自身问题有待解决

1. 缺乏跨文化教育的意识与视野

传统的英语教学的主要目的就是一味地传授学生知识，注重学生听说读写译能力的培养，却严重忽略了对学生跨文化教育和跨文化交际能力的培养，这样不利于学生了解中西文化差异，更不利于提高学生的跨文化交际能力。

英语教师是英语教学的重要影响因素，其在英语教学中起着引导作用。但是，在传统英语教学中，有的教师缺乏跨文化意识，没有意识到跨文化教育的重要性，同时还可能错误地认为英语教学就是语言教学，只要将语言知识、语言形式、语言用法等传授给学生即可，并没有为学生提供交流的平台，也忽略了学生跨文化交际能力的培养。

英语教师是语言与文化传播的引导者。英语教师必须充分理解本国文化和英美国家文化，并理解它们之间的文化差异。只有这样，才能在英语教学中讲授文化差异，把握中外文化平衡，挖掘语言背后的文化知识，解读中外文化之间的差异。同时，教师还可以通过对比两个具体个案的方式来讲解中外文化差异，从而使学生了解、把握中外文化差异，并对中外文化有着正确的理解，这样才能避免跨文化交际中的文化失误。

除此之外，教师的教育理念有待更新。教师的教学理念不能还停留在语言教学层面，而应将跨文化教学理念深深地植入内心，从而在教学中能够自然地展露出来，不断提高自己和学生的跨文化意识和跨文化能力。

2. 忽略对"母语文化"的渗透

在教育改革的推动下，英语教学也在不断改革。英语教学与文化结合，是近年来英语教学改革的重要方向。在此背景下，英语教师也意识到文化教学的重要性，并不断提高自己的跨文化意识。然而，在融入文化教学的过程中，也存在一些问题，最为突出的问题是教师过于注重目的语文化的融入，而严重忽略了本国文化的融入。换言之，教师在英语教学中主要对外国文化进行讲解，却没有将优秀的中华文化融入英语教学中。这一问题的出现，说明了英语教师只是意识到目的语与文化在英语教学中的重要性，而没有意识到母语文化在英语教学中的重要性，同时也没有深入理解中外文化差异，缺乏中外文化差异对比的意识。长此以往，不利于中华文化的国际化传播，也不利于学生正确判断世界文化，更不利于学生了解中外文化之间的差异。更为重要的是，在这些问题的影响下，学生的跨文化交际能力很难提高。

另外，在我国英语教学中还存在着"中国文化失语症"现象，这种现象也在很大程度上制约了英语教学水平的提高。因此，在实际英语教学中，英语教师要把母语文化融入目的语文化，做到"润物细无声"，有效地将目的语文化与母语文化相结合，并通过对比的方式使学生了解中外文化差异，使学生对中外文化之间的差异具有足够的敏感性，从而提高自己的跨文化交际能力和水平。

3. 缺乏对跨文化知识的重视

数据表明，我国的英语教师有相当一部分不仅缺乏跨文化意识，还缺乏跨文化知识。这导致在实际的教学中，教师只把注意力放到培养和提高学生的具体语言能力，也就是听说读写译的能力，而严重忽略了对学生跨文化交际能力的培养。同时，英语教师无法正确判断目的语文化，对目的语文化没有做到深入理解和掌握；不能准确、全面、灵活地将目的语文化与母语文化进行对比和融合，甚至对中国文化的理解也不够；不能准确理解、掌握中外文化差异，更缺乏批判意识。英语教师的跨文化知识存在着严重的欠缺现象。高校应该注重教师的跨文化知识培训，使教师意识到跨文化知识的重要性，并树立跨文化意识。同时，高校英语教师还应该不断努力，理解中外文化之间的差异，提高自己的文化素养和批判意识，并在英语教学中不断融入跨文化知识，从而提高学生的跨文化交际能力。

（三）学生跨文化意识与交际能力薄弱

受应试教育的影响，英语教师在英语教学中主要以应对考试为主，学生学习英语的主要目的就是通过英语四六级考试。因此，为了通过考试，学生就会根据考试大纲背诵一些英语单词和词组，做一些有关四六级考试的习题，而完全忽略了自己交际能力的提高。

在英语教学中，教师无法根据学生的实际情况进行教学，导致因材施教很难实施。学生也只是一味地接受知识灌输，缺乏运用英语知识进行交际的意识。另外，有一些学生确实具有很强的语言表达能力，但是跨文化意识和交际能力都比较弱，且缺乏跨文化交际技巧和策略，这样很容易在交际中出现语用失误和文化错误，不利于跨文化交际的顺利进行。

除此之外，教师要将中外文化对比融入英语教学中，只有通过对比和参照的方式，才能使学生真正理解英语和汉语的文化以及两者的文化差异。由此可见，母语文化在学生跨文化意识培养和交际能力提高方面起着重要的作用。因此，英语教师应注重提高学生的母语文化素养，并通过中外文化对比来使学生深入理解英语和母语文化。同时，教师还应有意识地培养学生的跨文化意识，采用各种方法提高他们的跨文化交际能力，从而保证跨文化交际的顺利进行。

（四）跨文化教育内容在英语教材中较为薄弱

第一，知识广泛，但对跨文化教育突出不够，文化内容偏狭、过时。英语教材中虽然涉及了跨文化教育的内容，但是这些内容都比较浅显，没有涉及一些本质知识，更没有系统地对跨文化知识进行论述，这些都不利于学生对跨文化知识的学习。同时，教材中涉及的跨文化内容单一且陈旧，没有紧跟跨文化交际时代的发展。另外，跨文化内容缺乏交际实践，不利于学生了解社会上的热点话题，也不利于学生交际能力的提高。总而言之，跨文化教育是英语教学的重要组成部分。虽然大多数高校也意识到跨文化教育的重要性，但是教材中所涉及的跨文化内容比较少，且比较单一、浅显，同时教材中的跨文化知识没有做到与时俱进，这些都会在很大程度上制约学生跨文化交际能力的提高。

第二，重知识，轻态度与能力。随着跨文化交际在英语教学中的融合，高校意识到跨文化教育的重要性。英语教师在实际教学中也融入了大量的跨文化知识。然而，英语教师仅仅局限于跨文化知识的讲授，并没有引导学生如何树立跨文化态度，如何提升跨文化能力。在这种情况下，学生只接受了跨文化知识，却没有跨文化意识，也未能形成跨文化交际能力。这种重知识、轻态度与能力的英语教学也在一定程度上阻碍了跨文化英语教学的发展。

（五）传统中国文化教育价值缺失

现阶段，我国英语教学已经意识到跨文化教育的重要性，并不断加强目的语文化教学。然而，在跨文化教学中，英语教师却忽略或轻视了中国文化的价值，从而导致中国文化在英语教学中的缺失。这样很容易使交际出现语用和文化失误，不利于跨文化交际的顺利进行。

近年来，在众多高校的跨文化教学中，文化教学越来越受重视，并且日益占据主导地位。随着目的语文化、目的语传统习俗和交际技巧在不同程度上得到传播和学习，人们逐渐忽略了自身的母语文化，甚至忽视了母语文化正迁移的作用和意义。这种跨文化教学模式的出现并没有完全起到促进文化交流的作用，反而在某些程度上打破了跨文化交际双方之间原有的平衡。

人们在日常生活中进行跨文化交际，会受到多方面因素的影响。人们在跨文化交际时，在共同交流的基础上还要做到相互理解，等到深入交流之后，思想上的碰撞就会使他们影响彼此的想法和观念，这便是交流的意义，交流不只是吸收，交流也意味着传播。如果在交流的过程中只是吸收而不重视传播，那么交流的作用便发挥不到极致，跨文化交流也就失去了本身的意义。

学生在跨文化背景下进行有效且顺利的交流，这一切都离不开中国文化知识的支持。由于中国文化知识本身的特点，它在某些方面制约着学生在跨文化背景之下的交流。以英语教学为例，在英语教学过程中就存在这个问题。当代大学生在进行跨文化交流时，因为无法通过口语或文字等书面表达的方式进行更深入的交流，所以跨文化交流的效果就会受到影响。

我国英语教学中所用到的教材，其内容涵盖了大量的西方价值观，却忽视了中国传统文化在教材中应当占据的比重。英语是西方的官方语言，它承载着西方文化，是西方价值观念和意识形态的重要体现。而我国的英语教学却将西方文化作为主要内容，未认识到向世界传播中国文化的重要性和必要性，这种教学方式不仅会阻碍学生跨文化交际能力的提高，还会延误跨文化交际的进程。

由此可见，要用辩证的思维看待异国文化，在正确欣赏和理解异国文化的基础上，有选择地对其吸收、借鉴，而不能全盘肯定或者全盘否定。要以正确的世界观和方法论为指导，对本国文化进行深入的探讨和理解，拥有鉴别母语文化和目的语文化的能力，只有这样，才能在面对异国文化时，心中有乾坤，对异国文化进行正确的鉴别和评判，从而实现真正的跨文化的双向交流。

三、跨文化交际中英语教学的策略

（一）注重教材编写

第一，增加通识教育内容。在通识教育的课程设置中，大学英语占据着十分重要的比例。增加通识教育的内容能够很好地弥补大学现有英语教材的不足，让学生从中体会到经典作品的魅力，同时促进师生在课堂中的交流，开阔他们的眼界，因此，对大学英语教材的内容进行改革具有重要意义。

第二，增加母语文化内容。在大学英语教学中，如何对中华文化进行准确的表述以及使学生建立起正确的跨文化交际意识是人们应该关注的重要问题。从宏观上来看，在制定教学大纲的过程中，要明确认识中华文化和西方文化所处的地位，将他们放在同等的地位纳入教学计划。编写教材时应当注意不能将中华文化全部加入英语教材中，而应该增加其系统性和层次性。学生在学习母语文化时，不仅能够培养其对本国文化的认同感，提升民族自豪感和自信心，更重要的是可以在跨文化交际的过程中使自己建立平等的交际意识，自然地向交流方输出中华文化，以推动双方文化的传递和交流。英语教材可以最直观地展现教学的内容和教学的目标，但是当今的大学英语教材却很少出现中华文化的相关介绍，只包含西方文化的内容，这显然与跨文化交际所重视的双向交流的初衷背道而驰。由此可见，在大学英语教材中增加中华文化内容是教学过程中亟待解决的问题，利用好英语教材可以使教学事倍功半，对培育学生的人文素质和提高其语言能力都发挥着重要作用。

除了重视英语教材内容的增加，也要将中华文化融入日常的英语教学之中。过去，英语教学只注重听、说、读、写能力，学生们把英语课上成了语言技能培训课。因此，改变单一的教学模式，更加注重跨文化交际能力的培育，是当前英语教学改革的重要任务之一。作为教学的主体之一教师而言，应做到因材施教，了解学生的具体情况，设定符合规律的教学方法来帮助他们掌握正确的英语表达方式。学生通过学习可以用英语和其他国家的人进行交流，传播中华文化，提升中国在国际上的影响力。但目前由于大学英语教师所具备的英语教学素质有所欠缺，所以会影响他们的课堂教学效果。要想使中华文化同英语教学更好地融合在一起就要提高教师的素质。大学英语教师除了应当具有深厚的外国文学功底之外，还应当同时具有优秀的母语文化素养。英语教师在加强自身学习的同时，还要承担将中华文化融入英语教学的重任，使中华文化在大学英语的课堂中得以传承。通过这种教学方式。学生就获得了跨文化交际的能力，在以后的跨文化交际中就可以发挥自己真正的实力，对跨文化交际的有效实现有重要作用。

（二）创新教学方法

如何保证在大学英语教学中，跨文化教学可以得到有效的重视是目前十分重要而迫切的问题，解决的途径就是要找到切实可行的教学方法。例如，交际法、语法翻译法、认知法等都有重要的理论与实践研究成果支撑，都是十分可行的教学方法。如果能够充分利用好这些教学方法，就可以使大学英语跨文化教学的效果得到强化。

第一，交际法。交际法，将培养交际能力作为目标，通过把文化教学和语言教学结合的方法来进行教学。在大学英语跨文化教学过程中，教师可以利用电视广播等方式来创设出一个真实的语言环境，来学习目的语国家的文化。学生的学习环境也是交际的环境，如果能够身临其境可以增加教学的效果。根据交际的需要来锻炼语言能力，也可以根据实际情况用母语进行翻译并对语法做出解释。应突出学生在课堂教学模式中的主体地位，让学生在真实的语言环境中正确把握语言。教学方法在提升学生听说读写能力的同时还要具有一定的灵活性。

第二，认知法。认知法即运用心理学理论来进行英语教学，教师在教学过程中要充分开发学生的智力，借助母语的力量，提升学生综合运用语言的能力。教师可以利用电化教学或者一些教具进行更加直观的教学，使大学英语教学更加注重情景和交际环境。以学生已经具备的文化知识为基础来进行教学，将跨文化教育当作教学的目标，对本国语言和目的语言进行分析对比，帮助学生进行跨文化交际的学习。除此之外，信息化的教学手段也要加以利用，运用多媒体网络教学的方式，通过播放一些外国影片，加深学生对外国文化的理解，提升跨文化交际的效果。

第三，语法翻译法。语法翻译法又称翻译法，认知派认为，语法是学习英语的第一要素。学会了语法，对于理解、翻译英语都有很大的帮助，同时，语法还是逻辑思维的体现，这种教学方法要求对课文内容直接进行翻译,遵循语法规则,既要把握对语言知识的理解,又要深入挖掘句子结构。以往的翻译方法弱化了教学内容,太过重视对语法的翻译,使学生在学习过程中越来越依赖母语。因此,运用翻译法要取长补短,在大学英语跨文化教学中,不但要加强对学习语法知识的重视而且要带领学生对课文内容进行深入了解,结合目的语文化知识,理论联系实际,从而提高学生的跨文化交际能力。

(三)加强师资培养

随着全球化的深入,英语能力成为现代人必备的能力之一,多元化的时代背景对跨文化人才提出了新的要求,跨文化交际离不开对英语的需求,因此英语教育至关重要。英语教师作为教学活动的实施者、组织者和管理者,其面临的挑战就更不容小觑,大学英语老师不仅要面对本语种专业的学生,还要面对其他语种专业的学生,因此,教师必须要拥有较强的语言能力和深厚的文学功底,这就必须要接受专业和严格的培训。所以跨文化英语教学师资力量的整合和培训尤为重要。

国外教师培训只包括业务内容,国内的教师培训还增添了思想方面的培训。在我国,思想包括爱国主义、集体主义、敬业精神、忠诚于教育事业、认真负责的工作态度等方面;业务方面则指对大学英语教师进行英语能力培训,即提升教师语言方面的技能,如对教师的听、说、读、写、译等能力进行培训。大多数人认为教英语并不是较难的事情,只要会英语就可以教英语。这种观点是十分肤浅的。

教师培训应该包括"教什么"和"如何教"两方面。"教什么"并不是简单地指"教英语",还包括语言的运用和语言的技能。语言不只是一种符号,更是人与人交流沟通的工具,语言有时候更是一个民族历史、文化、心理素质的反映。许多学生、家长和教师对英语学习的认识停留在只是为了和目的语国家的人员进行简单的交流,而忽视了语言所承载的文化底蕴。语言是文化的载体,学习语言的过程也是感受文化的过程。

大学英语教学实践中所强调的各部分,如词汇、语法、篇章等都和文化有密切的联系。正如文化会决定或限制单词的意义,各类词语都不可避免地经过不同文化的历史积淀拥有了不同的文化痕迹。同汉语相比,英语的语法规则更为严格,这同两种语言不同的文化传统背景有关。不同文化背景下英语学习者所创作的文章是不同的,这些不同可以从其行文、逻辑和篇章结构上推理出来，人们分析英语篇章和汉语篇章可以发现，英语文章结构更为直接，而汉语文章结构比较委婉，更注重思维的连贯和上下呼应。

根据语言文化内涵的重要性可知，对大学英语教师的师资培训必须重视文化知识的学习，教师在教授语言时也要涉及文化。目前在大学英语教师培训中，一般而言"如何教"就是指教学方法。但是，英语教学涉及多个不同学科。因此，教学法只是"如何教"其中的一个方面，"如何教"同二语习得、语言学习的过程、学习者相互间的差异有关。

在"如何教"的培训方面，除了教学法，还有多种因素需要在教学过程中加以兼顾。在后方法教学时代，教师的任务应当是找到合适的教学方法，在满足众多学生需求的同时，也能兼顾个体差异性。

大学英语教学既要满足学生和社会对其提出的要求，也要体现英语的重要性，这就增加了大学英语教师培训的难度和深度。渊博的知识和较高的文化素养是大学英语教学对教师提出的基本要求，但现实是教师们并没有充足的时间去接受系统的长期的培训，而短期的培训也达不到理想效果。保证大学英语教学质量的关键是对大学英语师资进行有效的整合。可以通过组织各式各样的文化交流活动，为师生创设国际文化交流的环境，使他们可以接触到国际文化；要增强学生的英语实际应用能力，特别是国际竞争力的提升，更加注重同各高校和各国进行校际、国际的学术文化交流；要想使师生具备广阔的国际视野和文化涵养，就要优化学习英语的校园环境。

总而言之，大学英语教学水平能否提升，大学英语教师培训是其中关键的环节，将良好的师资力量进行有效整合是解决问题的重要方式。

第三节　跨文化交际与英语教学内容的融合创新

一、跨文化交际与英语听力教学内容的融合创新

（一）听力教学概述

通常而言，学习者听力的构成主要包括两个部分：第一，学习者能够准确快速地分辨出各个声音的能力；第二，学习者在头脑中能够理解听到的语言的意义及内涵的能力，这项能力也叫作"文化悟力"。

1. 听力教学的重要性

在学习者使用英语这门语言的过程中，听力是一个重要的环节。通过听力，学习者可以听到和接收各种语言的信息，然后处理信息。在高校的英语教学实践中，英语听力教学是一项重要的教学内容，这是因为对于大学生而言，他们在交际中首先需要听得懂对方的交际内容，接着他们才能够进一步交流。此外，需要强调的是，英语听力教学非常重要，是人们交际的重要基础，然而大学生英语听力的提高是一项长期而艰巨的教学任务，它不是一朝一夕就能够完成的，需要教师和学生付出长期不懈的努力才能够实现。

（1）以听力教学巩固语言知识。在我国传统的英语课堂教学中，通常都是以教师的知识讲解作为首要的步骤。具体而言，首先，英语教师在课堂中系统地讲解相应的英语知识点，接着学生初步地分析和理解教师讲授的内容；其次，学生通过反复的英语口头练习来进一步巩固教师讲授的知识点，并把这些知识点内化吸收到学生的知识结构中。但是，根据建构主义的相关理论可知，学生学习一定的知识实际上是学生对知识的建构，并不完全依赖于教师的讲解，因而要在教学中强调学生的主体作用。

（2）以听力教学激发学习兴趣。教学活动是一项复杂的活动，它的活动主体主要是教师和学生。因而在高校的英语教学实践中，教师和学生

都发挥着重要的作用。从教师的角度进行分析，教师是大学生英语学习的重要指导者和辅助者。从学生的角度进行分析，学生才是英语学习的主体，大学生通常在教师的指导下开展英语的学习活动，在自己的头脑中构建知识。因而英语教学过程不仅能够促进教师的发展，还能够促进学生的成长和发展。然而在实际的教学中，不管是教师的教学过程，还是学生的学习过程，师生所要面临的一个共同问题就是如何激发学生学习英语的兴趣，从而使学生能够主动认真地学习英语，而不是为了完成老师布置的任务。由于听力教学的特殊性，在英语听力教学中，教师更要创设更多的条件来激发学生学习英语听力的兴趣。

在我国部分高校中，较多的大学生对英语的听力教学活动不是很感兴趣。其主要原因就是学生失去了主动权，因为在实际的教学活动中，教师才是英语听力活动的指挥者和主导者，学生没有办法根据自己的听力水平及学习水平来开展英语听力学习活动。在英语课堂中，教师往往控制着整个英语听力教学的过程和环节，使学生难以有自己的思考时间。例如，在英语的听力课堂教学中，教师一人决定着听力录音播放的时间及停顿次数、时间等，而忽视了学生之间的个体差异，既没有考虑学生英语水平不一的事实也降低了学生的英语听力学习效率，使学生渐渐地失去了学习兴趣。

在我国高校的英语教学实践中，学生对英语听力失去兴趣的另外一个重要原因就是学生在学习英语听力时经常会产生孤立无援的感觉，而且不同英语学习水平的学生的感受也有一定的差异。在我国传统的英语课堂听力教学中，通常都是教师先使用录音设备播放 1～2 遍教学使用的录音材料，然后教师让学生根据录音材料回答问题，这种做法比较简单，然而却不利于学生的思考和学习。由于每个学生的英语听力水平不同，因而我国传统的英语听力教学方式容易引起学生的焦虑感，使学生失去信心，不敢主动回答相关的问题。

在我国高校的英语教学实践中，学生缺乏必要的、真实的英语语言交际环境也是学生对英语听力提不起兴趣的原因之一。实际上，学生日常接触的英语语言环境和西方人真实的英语语言环境具有较大的差异，因而在英语听力课堂中，当教师准备好英语听力材料开始播放英语听力时，虽然大部分学生都会高度集中自己的注意力，认真听取并分析听到的英语材料内容，然而学生的听力理解也常常会遇到很多障碍，如英语听力材料的难度较大，内容很古怪及讲话者的英语语速超过了学生可以接受的范围等。

在实际的英语听力中，一旦出现了上述各种情况，学生根本不能像在日常对话中那样要求对方重新说一遍内容，学生只能接受这种理解障碍，这种状态也会使学生学习英语听力非常吃力和被动。

由此可见，在具体的英语教学中，优秀的英语听力教学可以大幅度提升大学生的英语学习兴趣，其具体表现在四个方面：一是为学生的英语学习呈现新的信息；二是帮助大学生整合学习的新知识和旧知识；三是促进学生使用已经习得的知识并合理评价习得的知识情况；四是促进学生把英语听力技能和其他技能进行结合。

（3）以听力教学提高交际能力。通常情况下，交际能力是指大学生在英语学习中不仅要学习和掌握正确的英语语法规则等知识，大学生还要能够在具体的地点、面对不同的交际对象而使用恰当合理的语句进行交际和对话。也就是说，对于大学生而言，大学生学习一门语言，不仅要掌握其语法规则等重要知识点，还要学习在适当、适合的时机运用这门语言。一般而言，交际能力主要包括四种不同的能力：第一种是语言能力；第二种是社会语言能力；第三种是语篇能力；第四种是策略能力，这四种能力对于大学生而言都是十分重要的，需要大学生在学习语言时不断提升各方面的能力，从而使学生通过英语听力的教学最终提升其实际的交际能力。

2. 听力教学的现状分析

（1）教师现状。在我国很多高校的英语听力教学实践中，不少的英语教师在教学中只注重向学生传授很多理论性的听力知识，而不重视和提升大学生的心理素质，这就会使很多大学生在收听英语听力材料的过程中出现如下现象，即有些大学生在听到一定的英语听力材料信息之后，他们由于情绪十分紧张而没有办法在有限的时间中合理分析这些信息，从而在回答问题时可能会选择错误的答案。对于学生在英语听力内因为情绪的紧张而出现选择错误的现象，如果教师没有发现或不重视，这很有可能会影响学生的英语听力水平提升。此外，那些心理综合素质比较好的学生的英语听力成绩往往比那些心理综合素质差的学生的英语听力成绩高。这就要求高校的英语教师一定要重视培养和提升学生的心理素质，而不是一味地强调学习英语知识。

另外，我国很多高校的英语听力教学实践中还存在一个较为严重的问题，即英语教师在训练大学生英语听力时，他们通常只要求大学生通过大量反复的听力练习来提升其听力能力，而忽视了听力技巧的重要性，很多英语教师都没有系统地向学生讲解过英语听力的各种技巧等，从而降低了学生的英语听力学习效率。

（2）学生现状。严重影响我国大学生英语听力水平提升的一个重要原因就是很多大学生已经掌握了大量的英语词汇，但是他们不熟悉也不了解英美等国家的文化，因而他们在接听英语材料的过程中无法理解很多句法表达，从而出现判断失误的现象。严重影响我国大学生英语听力水平提升的另一个重要原因就是学生缺乏学习和练习英语听力的机会和环境。我国传统的英语听力教学采用灌输式教学方式，教师往往只注重英语语法、结构等知识的教授，而忽视英语听力的教学，这也使我国大学生极度缺乏练习和使用英语的机会。目前，我国很多大学生在学习英语的过程中仍然大部分时间使用汉语进行交流和交际，因而在大多数大学生的头脑中，其母语的思维方式依然占据主导地位。然而英语和汉语是两种完全不同的语言，大学生在学习英语听力的过程中过度依赖汉语思维会影响其对英语的学习，并制约其英语听力的学习效果。虽然我国有不少的高校尝试着为大学生提供若干学习英语的环境和渠道，如英语角和校园广播等，但是这些渠道发挥的作用依然是有限的，学生的英语听力水平依然难以取得实质性的提升和进步。

（1）课程设置现状。目前，在我国很多高校的英语教学实践中，高校的英语系在课程设置方面并没有很重视英语听力的教学，还有不少高校为了快速完成相应的英语教学内容不惜大幅度压缩英语听力教学的课时及学分，从而使教师和学生都不重视英语听力的教学。出现上述情况的主要原因是很多高校都没有意识到英语听力教学对学生的重要作用和价值。

除此之外，我国还有一些高校尝试做出改革，相关的管理者尝试着把英语的听力课程和口语课程融合为一个课程，即英语的听说课。从本质上进行分析，这实际上就是在变相地减少英语听力的课时和学分，这种操作也不利于大学生英语听力水平的提升。

（2）材料内容现状。在我国的部分高校英语教学中存在如下现象：英语教师在实际的英语听力教学中完全按照教材的内容来讲授知识，很多英语听力教材的内容相对比较陈旧，没有更新，这也导致了英语听力教学与现实生活距离较远，难以满足学生的英语听力学习需求。这就要求高校的英语教师在开展英语听力教学时要根据实际需求添加一定的新鲜听力材料，如时政新闻、幽默的信息等，从而激发学生的英语听力学习兴趣。此外，英语教师在选择听力材料时一定要把握好材料的难易程度，即遵循最近发展区的原则，教师选择的英语听力材料既不要太难，也不要太简单，而应该综合考虑学生的英语听力水平及提升的空间等综合因素。

（3）教学评估现状。"教学过程通常都是由多个环节构成的，其中每个环节都较为重要，尤其是教学评价的环节，它会影响到教学的质量以及教学的进度"[①]。目前，我国的很多高等院校都在把高校的英语教学评估作为工作的重中之重，较为重视改革高校的英语教学评价方式。

然而目前在我国的现实情况是，我国很多地区的英语教学还是遵循应试教育的规律，所以无论是教师还是家长，他们都会把学生的英语学习成绩当作评价学生的重要的标准，甚至可以是评价学生的唯一标准。在我国很多高校的英语教学中，这些高校把大学生的英语四级考试成绩及六级考试成绩作为评判大学生的英语成绩和教师英语教学水平的主要依据。上述现象都严重地制约着我国高校英语听力教学的开展。大学英语四级考试和六级考试都以阅读为主，英语听力考试所占的比例非常低，这就使学生把英语学习的重点放到了英语阅读上，从而忽视了英语的听力学习。

（二）文化差异对英语听力教学的影响

在传统的高校英语教学中，学生要学习、提高英语听力、口语、阅读、写作及翻译的能力，其中大学生的英语听力教学一直处于劣势的地位。通过仔细分析这种现象产生的原因可以发现，我国之所以出现英语听力教学弱项的主要原因就是我国高校的英语听力教学只注重语言知识的教学，而忽视了文化知识的教学。因此，为了尽快提高学生的听力水平，教师要有意识地、合理地引导学生了解和熟悉中西方文化之间存在的差异，使学生意识到文化差异对学习英语这门语言的影响。

1. 语言语用失误

语言语用失误主要指学习者在使用某种语言的过程中套用语义失误的现象。实际上，在高校英语的听力教学实践中，英语的语用失误会给学习者的听力理解带来很大的负面影响，会严重影响学习者的判断。在实践中，

---

① 周晓娴. 多元化文化理念与当代英语教学策略研究 [M]. 天津：天津科学技术出版社，2017：87.

语用失误指交际的对方并没有真正理解说话者表达的意思，他们之间的沟通存在误解，因而他们之间的交际很难正常进行下去。通常语言的语用失误都是由一定的原因造成的，具体包括以下方面的原因：

（1）不恰当的母语迁移。汉语和英语是两种完全不同的语言，这两种语言的结构、词汇等都不同，且中西方文化之间存在较大的文化差异。对于中国的大学生而言，他们在学习英语的过程中几乎都是使用汉语进行交流，因而汉语的表达及思想等必然会对大学生的英语表达产生一定的影响，即母语迁移。在具体的英语听力课堂教学中，学生极有可能把汉语的一些表达习惯及方式迁移到英语的表达中，从而出现失误的现象，这就是一种负向的迁移，非常不利于学生的英语学习。

（2）不了解汉、英词语的文化差异。中国人使用的官方语言是汉语，而很多西方国家使用的官方语言是英语，英语和汉语这两种语言没有办法做到词汇对等。因而对于大学生而言，他们在学习英语的过程中一定要充分了解中西方文化之间的异同，从而更准确地理解英语表达的意思。实际上，由于部分的大学生不了解西方的文化，更不了解中西方文化之间的差异，因而部分大学生就会从本族语言的视角来学习英语，从而出现一些交际中的失误。

2.社交语用失误

社交语用失误主要指交际的双方由于社会地位、身份及学识等不同而在交际的过程中出现的语用失误，这种失误产生的原因有很多，如交际者的身份特殊、交际者的文化程度及交际者秉承的价值观等。在实际的交际实践中，可能导致交际双方出现社交语用失误的原因主要包括以下方面：

（1）价值观对社交语用失误的影响。中华民族是一个历史悠久的民族，我国也有很多传统美德流传至今，如中国人一向追求中庸的思想，喜欢谦虚谨慎的处事风格。此外，中国人崇尚集体主义，始终相信人多力量大，同时强调在特殊时期，每个个体都应该舍弃自我的利益，追求和实现集体的利益。在中国的传统文化中，人们都喜欢双数，觉得双数有很美好的寓意，因而很多的中国汉语成语中有双数的数字，如六六大顺和四季平安等。而在西方国家中，由于地理环境及历史等因素的影响，西方人热衷于追求征服自然，他们在思想及价值观中强调个人的价值个性的展现，他们崇尚自由主义，更倾向于通过自身的努力实现自我价值。因而在西方人的文化中，他们喜欢单数，他们坚信单数象征着吉利幸运等。

（2）态度对社交语用失误的影响。态度一般是指人们对某种现象或对象所保持的一种习得性倾向。人们在日常的生活和工作中一旦形成了某种态度，这种态度就会相对比较稳定，有一定的持续性。通常态度由三个部分的内容构成：一是认知；二是情感；三是意动。态度有多种不同的类型，下面具体分析态度中的定式和偏见。

定式。定式一般也被人们称为"刻板的印象"，它是人们在分析和感知外界事物时所采取的一种相对比较简单、粗糙的态度。在跨文化交际的研究范畴中，定式一般指人们过分地夸大了不同群体之间存在的差异，而忽视了不同个体之间存在的差异。通常定式包括两种类型：一是社会定式；二是文化定式。

另外，定式对人们判断的影响和人们获得的信息数量有很大的影响，即当人们获取了少量的信息时，人们在判断问题时就会过多地依赖于定式，反之则依赖较小。实际上，定式并不一定完全带来负面的影响，因而人们在生活、工作及学习中也不能直接消除定式。在学习者的日常学习中，学习者应该更科学、准确地了解定式，并且合理地看待不同学生之间存在的个体差异，这样才能够使定式产生积极的正面影响。

偏见。偏见一般指人们对某个个体或群体持有的一种不是十分准确的判断，而且这种判断往往是负面的，是一种否定性的看法。通常情况下，相关学者把偏见划分为以下五个不同的种类：

公然型，它是指公开展示对其他群体的厌恶和歧视，并且有可能采取暴力手段。

自负型，它是贬低其他群体，低估其他群体的价值观、处事方式、专业技能或社会能力。

象征型，持有这种偏见的人往往会否认自己有偏见，但会担心权力关系现状受到外群体的干扰。

门面主义型，这是指意识到内心对其他群体的消极情感但不承认，并且会通过表面文章伪装。

若即若离型，它指在没有本群体的成员在场时可以与外群体成员和平相处，但当有本群体的成员在场时就冷落外群体成员。

在人们的生活和工作中，有很多种因素会导致偏见的产生，如生理方面的因素、社会化的因素、社会利益的驱使以及经济利益的因素等。

事实上，定式和偏见有很多相似的地方，而且在一定的条件下二者可以进行相互转化。在定式中，其一般由两部分的内容组成，一部分是符合事实的部分，即人们熟悉和了解的内容；另一部分是不符合事实的部分，这部分内容实际上就是一种偏见。另外，在人们的日常生活中，偏见这种现象十分普遍，而且大部分的偏见都会带来不好的负面影响。

（3）习俗对社交语用失误的影响。习俗一般指人们在长期的生活和实践中形成的一种约定俗成的规范，这种规范被一个地区或区域内的大多数成员所遵守。需要强调的是，这种习俗的规范不受法律的约束。一旦某个地区的人们在日常的生活和工作中形成了某种习俗，那么这种习俗就会延续较长的时间。一般而言，习俗对某个固定地区人们的信仰、生活习惯等都会产生较大的约束，从而持续规范人们的各种行为。习俗的感染力非常强大，一旦集体中生活的某个人意识到自己的行为和其他人不同时，习俗就会促使他转变自己的行为，从而使自己融入集体之中。

（三）跨文化交际中英语听力教学的策略创新

对于大学生而言，听力能力是一种十分重要的能力，它也对大学生的综合素质提出了较高的要求，即英语听力要求大学生具备较强的语言敏感性。大学生语言敏感性的培养不是一蹴而就的事情，它要求大学生在熟练掌握语言的基础上了解中西方的文化差异，从而主动地去了解和学习语言背后的文化知识。

1. 听力教学中引入交际互动

交际互动指教师在英语教学中要把英语的听力教学和英语的口语教学结合起来，从而使学习者可以在练习英语听力的同时练习英语口语，这也是一个积极的互动过程。

要把交际互动直接引入英语听力教学，使听与说结合在一起。在学习者日常的学习活动中，学生练习英语听力最常用的方式就是开展英语对话。有对话就会有交际的双方，他们之间也会有一定的互动，也会有语言的听和说。在开展英语对话的过程中，交际双方都要掌握一定的英语听力技巧和口语技巧，从而使交际更加顺利、高效。由此可见，在高校英语的听力教学中，把英语听力和英语的口语结合起来进行学习，就可以使单一的英语听力练习变成一种互动的对话。换言之，教师把交际互动引入英语的听力教学中不仅可以丰富学生的练习内容，激发学生的听力学习兴趣，还能够增强学习的互动性，使学生乐于学习英语，这也使英语听力的学习过程变得更有趣味性。

由此可见，学习者在学习的过程中通过大量输入事务性的对话也能够充分地引入交际互动，从而在潜移默化中渐渐地提升学习者的各项英语听力技能。

2. 训练学生的英语思维

思维的模式也制约着听力的理解。中西方的思维方式有很大的差异，例如中国人习惯整体性思维，西方人喜欢抽象思维，即逻辑思维。中文和英语对日期、地址、称谓等方面的表达方法不一样，在平时的学习中，应注意积累。学生在日常的英语学习和活动中应该处处留心西方人的英语表达方式和表达习惯，如西方人如何表达自己的喜悦之情及悲伤的感情、西方人在同意某件事情或不同意某件事情时的做法等，从而把西方人的思维表达方式积累在学生的头脑中。在具体的英语听力中，当学生在练习的听力材料中听到有关的情景时，学生便会立刻在头脑中呈现出西方人的表达方式，从而准确地选择答案。

3. 开辟英语教学新路径

英语听力教学应尽力让学生全方位、多层次地接触不同层面的英语。英语听力课和阅读课及写作课有很大的不同，它要求学生充分运用自己的听觉器官，同时大脑要快速地飞转来分析获取的信息，从而做出合理的判断。在练习英语听力的过程中，如果学生一直处于一种十分紧张的状态，那么学生就很有可能会判断失误，从而降低听力学习的效率。

二、跨文化交际与英语口语教学的融合发展

（一）文化差异对英语口语教学的影响

1. 词汇文化因素对英语口语教学的影响

对于每个大学生而言，如果他们在交际中想要表达一定的思想和情感，那么他们首先要具备一定的词汇储备，这样他们才能够在交际中做到有话可说。此外，随着中国与世界各国之间的交流变得越来越密切，中国人与

其他文化背景的人进行交流的概率变得越来越多。因而对于高校而言，教师在开展英语口语教学时一定要向学生讲授不同文化之间存在的文化差异，从而增长学生的见识，提升学生的跨文化意识。

下面以英语"wink"这个单词作为例子进行分析。实际上，在英语的表达中有很多习语都含有"wink"这个单词，在英语的口语练习中，教师应该引导学生合理地区分和对待这个单词的含义。例如，在"I didn't sleep a wink last night."这个句子中"wink"这个单词的含义就是"眨眼"，而在短语"forty winks"中，"wink"的意思就是"小睡"的含义。

2.思维模式因素对大学英语口语教学的影响

英语和汉语是两种完全不同的语言，因而使用这两种不同语言的人们也会持有不同的思维方式和思考模式。实际上，这种差异也会影响大学英语的口语教学实践。例如，对于很多中国的大学生而言，他们在生活和学习中几乎都是使用汉语进行沟通和交流，因而当他们开口尝试着用英语进行交流时，他们习惯于开口讲"中式英语"，他们往往使用汉语的表达习惯和句子结构等来表达英语的句子，实际上这是一种错误的表达方式，它不符合西方人的英语表达习惯，难以被西方人接受和理解，因而这种母语产生的负面影响极有可能影响英语口语教学的顺利开展。除此之外，思维模式的不同还会在一定程度上影响大学生英语口语的流利程度。对于大多数大学生而言，他们已经有了固定的汉语思维，当他们用英语表达思想时，他们就需要转换思维模式从而确保意思准确，但是这种转换需要耗用一定的时间，使学生的英语口语表达变得不是很流利。

（二）跨文化交际中英语口语教学的原则

第一，先听后说原则。在英语的表达中，学生听英语和开口说英语这二者之间有紧密的联系，它们互为基础。实际上，在实际的英语口语对话和交流中，交际双方都必须先要听取对方的讲话内容，如此才可以进一步继续回答对方的问题，用英语口语表达自己的思想和看法等，因而在跨文化交际中，交际者需要遵循先听后说的原则，从而促进交际的顺利开展。

第二，互动原则。在英语口语教学中，口语练习是一个重要的组成部分，它需要教师耐心地指导和教授，还需要学生付出较多的时间及学习精力来学习和练习。学生的英语口语练习本来就是一件比较单调和枯燥的活动，这时候如果学生没有适合练习英语口语的环境，那么学生就很有可能会放弃学习英语口语，甚至产生抵触的情绪。由此可见，在英语口语的教学中，教师为学生创设一定的口语练习环境至关重要。这也要求在英语口语教学中要坚持互动的原则，让大学生都能够在互动的过程中学习和练习英语口语，提升学生兴趣的同时激发学生的热情，从而提升每个大学生的英语口语表达技巧。

第三，循序渐进原则。对于大学生而言，英语口语的练习和掌握不是一蹴而就的事情，它是一个长期的过程，需要学习者在练习的过程中遵循循序渐进的原则，从而由浅入深地学习和掌握英语口语的相关知识和技能。对于中国的大学生而言，中国的国土面积比较广阔，因而来自中国不同地区的大学生往往会使用不同的方言，这些学生在学习英语口语时一定要适当地克服方言发音对英语口语发音的影响，从而使自己的英语口语发音更准确、合理。此外，在具体的教学计划安排中，学校的相关管理人员及教师等也需要遵循循序渐进的原则来开展各项英语口语教学工作，即教师制定的教学目标不能太高，否则就会给学生造成很大的心理压力，使学生在学习英语口语时始终压力重重，体会不到学习的乐趣；教师制定的教学目标也不能太低，否则难以激发学生的学习积极性，还会打击学生的积极性和自信心。

第四，科学纠错原则。实际上，在高校的英语口语教学中，学生出现口语错误是非常常见的现象，这时教师一定要采取正确的态度来分析和看待这件事情。在高校具体的英语口语教学实践中，当学生在训练英语口语时，教师可以认真地倾听学生的训练过程，对于英语对话或交际中出现的不太重要的英语口语问题，教师可以适当地忽略不计，只要学生的英语口语训练没有实质性的大错误，教师就不要频繁地打断学生的练习，因为教师频繁打断不仅会扰乱学生的思路，还会打击学生的自信心，使学生对自己比较失望。教师正确的做法应该是，在学生完成相应的练习之后，教师在所有的学生面前统一指出学生英语口语练习中常见的错误及注意事项，从而避免学生在接下来的练习和实际应用中重复犯错。

（三）跨文化交际中英语口语教学的方法

1. 文化植入法

人们最初使用"植入"这个词语是在医学领域中，后来随着时代的发展与进步，人们开始在很多其他领域（主要指非医学的领域）中使用"植入"这个汉语词汇。在现代社会中，人们听到最多关于植入的短句就是"植入式广告"。尤其在很多热播的电视剧或综艺节目中，人们经常能够看到很多植入式的广告。总而言之，植入式广告的主要目的就是营销一定的产品或服务，从而吸引消费者的目光，促发消费者的消费行为。

实际上，在高校的英语口语教学里，人们也会把"植入"的概念引入到教学中，即在英语口语教学中引入"文化植入"。具体分析而言，在现实生活中，如果某个平台没有任何播放信息，只是一直在播放广告，那么无论这个广告多么生动有趣，它都很难持续地吸引人们的目光，有的时候还会产生相反的效果。文化的学习也是相同的情况，如果高校只是单独地开设一门与文化相关的课程，那么由于文化往往内容庞杂而会使很多学生提不起兴趣，甚至直接放弃学习。但是在实际的英语教学中植入一定的文化则会带来比较好的效果，它不仅能够恰当地吸引学生的注意力，还能够加深学生的理解，使学生在掌握背景文化知识的同时学好英语的口语知识和技能。

2. 文化渗透法

在教学中，文化植入与文化渗透有一定的共同点，教师需要在教学中导入一定的文化因素。因为语言是在不同的文化背景中产生的，所以就应该结合不同的语境去分析语言的含义。在具体的口语教学过程中，教师也可以通过文化渗透的方式逐步提高学生的口语表达能力，一般而言，教师可以采取的方式主要有以下三种：

（1）文化对比法。在具体的口语教学实践中，教师可以将两种文化进行对比，这样就可以帮助学生了解不同文化之间的差异，从而逐步培养他们的跨文化意识。学生可以通过分析不同文化之间的差异，从而尊重不同地区的文化，这样也可以逐步提高他们分析与处理文化的能力。文化对比是一种非常有效的教学方法。

（2）交流学习法。经过一段时间的学习，学生的英语水平已经得到了很大的提升，并且在学习与交谈的过程中，他们也会遇到文化障碍，所以，教师就可以结合实践让学生多交流、多学习。

（3）教师引导法。在与学生的交流过程中，教师应该对学生进行有效引导，如果学生产生了交际障碍，那么教师就应该积极对学生进行启发，这样不仅尊重了学生，还能让学生感受到文化知识的熏陶，从而不断激发他们的语言学习思维能力。

三、跨文化交际与英语阅读教学的融合发展

（一）文化差异对英语阅读教学的影响

1. 词汇方面的影响

词汇是语言系统中的支柱部分，同时也是构成文化信息的基本载体，在阅读的时候，学生的词汇量显然是一个非常重要的影响因素。对于词汇而言，其本身蕴含着丰富的文化含义，并且也能反映出东西方文化之间的差异。如果不了解词汇的文化内涵，则高校英语的阅读教学就无法顺利开展。助力学生了解词汇的文化内涵能逐步提高英语阅读教学的效果。

具体到教学实践中，教师应该意识到词汇知识的重要性，并让他们逐步了解同样的一个单词在不同的文化语境下所表达的不同意思，这样就可以逐步提高学生的文化意识，从而助力他们提高阅读能力。

2. 习语方面的影响

习语也是文化的重要组成部分，在英语中有大量的习语，如果不明白这些习语背后的文化含义，就无法真正地理解这些习语。

我们都知道动词的后边不能直接跟宾语，但是在某些习语中，就会出现这种情况，如 "She can talk the hind legs off a donkey."（只要她一开口就能滔滔不绝）中，talk 后面就接了宾语，如果我们熟悉这一习语，就会知道这句话的意思，但是如果对此不熟悉，就会认为这是一个病句。

此外，在具体的英语阅读教学实践中，教师也应该有意识地给学生输送一些常用的英语习语，这样就可以让学生逐步积累、掌握更多的习语，从而提高学生的阅读能力。

3. 语篇方面的影响

在中西思维模式的影响下，中英语语篇之间的差异性也很大，一般而言，英语语篇的观点等会在文章的开头直接说明，并且作者也会在开篇的时候摆正自己的态度，后面的才是论述环节。但是对于汉语语篇而言，其

往往是归纳型的，一般而言是先进行陈述，在末尾的时候才会亮出自己的观点与态度。

（二）跨文化交际中英语阅读教学的方法

1.立足语篇与语境

在读英语篇章的时候，有些学生明明知道这个单词的意思，但是却仍然不能体会出这个单词与上下文的关系，也无法对篇章做出正确的理解，有的学生在阅读的时候并没有意识到中西方的异同，这样显然会给学生的阅读带来障碍。

为了解决这个问题，教师应该从整体的层面出发来展开教学，并应该让学生拥有全局意识，只有这样才能不断提高学生的阅读能力。在此种形式下，教师应该做到三点：第一，让学生明确不同语言之间逻辑结构上存在的差异；第二，让学生明确不同语言的表达方式；第三，让学生明确不同语言的修辞差异。

2.灵活应用各种阅读策略

（1）预测。阅读的过程中有一个重要的环节就是预测，预测在阅读中发挥的作用是非常重要的。在阅读之前，学生就可根据标题中的一些关键词展开想象并对相关的情节进行预测，这不仅能锻炼学生对知识的运用能力，还能助力于他们逻辑能力的提高，在不同的文章中会有不同的题目，这些题目往往就是文章中心思想的凝练与总结。例如，在学习一篇新课的时候学生可以通过标题去预测课文的主要内容，又如在 earthquakes 这一课中，学生就可以根据标题进行联想，这些联想与预测也会激发学生进一步的阅读兴趣，从而让学生在更进一步的阅读中去印证自己猜测的结果，不论猜测的结果怎样，都会助力于学生对课文的理解。

（2）略读。在阅读的时候我们有时会以很快的速度通读原文，这样就可以让我们从总体上把握文章的主要意思，我们在阅读的时候并不需逐字逐句地读，往往仅仅需要读一下每段的首与尾即可。

（3）跳读。如果我们的阅读目的是寻找到合适的信息，那么就没有必要仔细地读，而是要采用跳读的方式，如果我们的阅读任务比较紧，无法进行通篇阅读的话，跳读就是一个不错的选择。

（4）寻找主题句。作者的基本思路与文章的中心思想等都可以通过主题句进行体现，如果我们想更好地理解文章的意思，就应该找到主题句。在英语阅读教学中，教师可以将主题句出现的大体位置告诉学生，并且应该辅以具体的实例，一般而言，主题句的位置比较灵活，一般多在以下位置上出现：

主题句位于段首。在写作的时候作者往往会先引出一个话题，然后根据这个话题展开论述，一般而言，作者会将自己的观点态度先摆出来。

主题句位于段尾。有时候作者也会将自己的观点放在段落的末尾，在此种情况下，这种主题句往往是对上面论述所有问题的总结。

主题句同时位于段首和段尾。一般而言，主题句不是处于段首就是处于段尾，有时候主题句可以同时出现在段首和段尾，段尾的主题句是对段首主题句的总结与升华。从结构上来看，不同位置的主题句在结构上也存在差异。

（5）推理判断。有时候我们并不能从文章的字面意思上找到所需要的信息，这时我们就需要动用自己的判断。在进行推理判断的时候，学生应该从全文出发进行推理，这样才能得到文本的正确思想。

一般而言，推理判断包括直接推理与间接推理，直接推理比较简单，一般理解原文的表面意思之后就可以得出结论，但是，相对而言，间接推理就是一种比较复杂的推理方式了，它要求学生能够挖掘文章背后的深层次含义及作者的隐晦所指。

3. 融入背景知识

教师在进行阅读教学的时候需要围绕中心材料来展开，这些材料的背景知识等对文章内容的理解是非常重要的，所以在教学的时候教师也应该着重对待。教师自己就应该明确关联性原则，并且在运用这种原则的时候就应该激活与此材料相关的话题与图示等。

（三）跨文化交际中英语阅读教学能力的培养策略

1. 运用教材扩展学生的跨文化知识

从本质上来看，阅读活动也是认知活动的一种，它需要跨越语言和文化的障碍。因此，教师应该明确语言知识及文化知识的重要性并切实进行指导和教学，以提高学生的跨文化交际能力。

（1）相对于其他的材料，教材具有更高的权威性，学生完全可以根据教材上的内容进行学习与模仿。

（2）在特定的语境下，作者会发表自己的见解并表达自己的感情，其中就会涉及表层文化及深层文化。为了让学生有足够的时间去了解多元文化，让跨文化交际能够得以实现，学生就应该掌握一定的文化知识。

（3）如果学生缺少某些跨文化理论，那么教材中所涉及的相关文化知识就能对此进行有效弥补，从而降低文化冲突的发生。学生在学习教材中的文化知识时，能够帮助理解语篇，并且更能把握好作者的言外之意。所以，教师在授课的时候就应该全面挖掘语篇中的文化内容，让学生能更好地吸收其中的跨文化知识，从而发挥语篇阅读教学的效果。

2. 逐步提高学生的跨文化意识

为了逐步提高学生的跨文化意识，教师就应该重视阅读教学中文化渗透的重要性，一般而言，阅读不仅仅是去读各种文字，还应该体察到文字背后所蕴含的文化因素，如果没有在思想的层面上意识到文化的重要性，就容易导致理解偏差，所以需要教师在阅读教学中逐步培养学生的跨文化意识，并逐步抛弃原有的一些死板的教育方式。

在跨文化意识养成的最后阶段，行为主体能通过自己的理解去评判现存的某些文化现象，此时，其认知水平已经能够超越对文化的理解，而不是从文化的优缺点出发进行评判。

在此阶段的教学中，教师应该让学生正视文化之间的差异，并能尊重不同的文化，同时也应该有自己的看法。

3. 积极开展有效的文化研讨

在探讨英语文化的时候，教师可以将其分成若干个小主题，并且在一定的时间里让学生对此展开讨论，在讨论的时候应该追求讨论的效果，而不应流于形式，教师要尽力调动所有学生的积极性，使他们都能参与讨论。

在讨论之前，教师需要选出一个合适的主题，同时在整个的讨论环节，教师都应该发挥好自己的支配和控制地位。在学生讨论的时候，教师应该给他们一些建议，并帮助学生解决可能遇到的跨文化交际问题。随着这种讨论活动的开展，学生们的文化背景知识也会得到进一步提高，从而增强他们的文化底蕴。

在各种课堂活动方式中，课堂讨论是极为重要的，讨论效果如何会影响到课堂的具体实施，在每次正式开始讨论之前，教师都应该让学生明确讨论的意义所在，并让学生围绕主题展开讨论。在学生自由讨论的过程中，教师应该参照所制定的规则，并查看学生的遵守情况。实际上，这种检查活动也利于让教师发现讨论者在互动过程中存在的问题。在文化研讨中，英语教师应当注意以下方面：

（1）在英语课上，学生是拥有双重身份的，他们不仅仅是语言的学习者，还是文化的学习者。对于教师而言，他们应该明确不同的学生具有不同的行为方式，面对同样的要求，不同的学习者可能会做出不同的反应，所以教师在授课的时候就应该考虑到不同学生之间的个体差异，并采用灵活的方式让学生积极参与。

（2）在课程开始之前，教师就应该让学生提早做好准备，让他们明白阅读的重要性，并与之探讨相关的阅读对策。

（3）在具体的课堂教学实践中，教师应该让学生明确教学的目的，并让学生能反思自己的所得。同时，教师也应该明确规则的重要性，让讨论活动能够有秩序地进行下去。

四、跨文化交际与英语写作教学的融合发展

（一）跨文化交际中英语写作教学的原则

第一，交际性原则。教师在开展教学的时候应该随时满足学生的需求，这样才能不断提高学生的交际能力，所以，在写作课上，教师就应该多给学生展示一些交际的场景，让他们能从中感受到文化差异。写作之前的讨论活动及写作之后的修改活动都可以小组的方式进行。通过交流、讨论，学生可以得到更多的写作素材，在写作的时候也能更得心应手。所以，在教学中遵循交际性原则是非常有必要的。

第二，文化与语言相结合原则。对于英语写作，文化在其中的作用是非常重要的，我们应该将语言与文化教学相结合，即两者同步进行，并采取对比、适用、适度、适量、由易到难、逐步渗透等方法在高校英语写作教学中导入文化知识，以提高学生的文化修养，巩固学生的语言知识，使学生在语言、文化两方面受益。但是要注意，文化导入是对英语写作教学的补充和延伸，而不是写作教学的全部，英语写作教学的真正内核仍是语

言，文化导入是为语言教学服务的。

第三，注重基础原则。随着教学活动的开展，学生存在的各种各样的问题就会逐步显现，有些学生可能会出现一些基本的错误，如拼写及时态错误等，也有一些学生没有意识到细节的重要性，还有的同学在写作时会套用一些作文的模板，这些都是需要引起教师高度重视的问题，在实际的教学中，教师应该辅助学生打好写作基础，从而让他们的写作能力得到切实提高。具体到教学中，教师应该让学生明确上下文语境，避免学生进行套译。在开展句法教学时，教师应该让学生在理解语义的基础上进行句子的连接，同时，教师还应该从多处着手，让学生明确中外思维的差异体现与背后原因。

（二）跨文化交际中英语写作教学的策略创新

第一，培养学生的英语思维模式。中国学生在进行英语写作时，文章中常会出现重点不突出和黏着性差等，在很大程度上，这是由学生缺乏英语思维导致的，在英语写作教学的过程中，教师应该引导学生对比中西文化与特征，让他们掌握英语篇章的组织方式，并逐步引导他们，让他们写出更高质量的文章。

第二，开设文化选修课，导入文化知识。为了让学生拥有更为开阔的文化视野，教师除了在写作中融入文化知识以外，还应该进行有针对性的写作训练。一些与文化相关的选修课如"语言与文化""语用学"等就可以逐步开展起来，这样不仅能让学生拥有更为广泛的接触西方文化的途径，还能让学生的视野得到进一步开阔，从而培养他们的文化意识。

第三，重视学生写作基本功的训练。在学生学习期间，大学英语课程是学生学习英语的主要途径。但是通过观察我们的传统课堂可以发现，教师在课上多是进行基础理论和知识点的讲授，并没有太多的理论联系实际的活动。也就是说，学生只是学了一些"死"的理论和知识，而没有学会如何将之应用到实际工作和生活中，这样显然会导致学生实际应用能力不足。所以，教师就应该加强学生语篇特别是应用文写作等方面的训练，这样就可以逐步提高学生的写作能力。此外，句子是文章的基本构成部分，所以教师就应该教导学生把握基本的句子成分以及特征等，这样就可以逐步提高学生们的语言基本功。除此之外，学生还应该对英语的语法有明确的认知，只有经过一定的训练，学生才能将空洞的理论和知识点，应用到实际写作中，能够用所用英语知识正确地表达自己，并逐步提高自己的写作水平。

第四，通过大量的阅读，强化英语语言应用能力。阅读与写作之间存在一种正相关关系，只有大量的阅读，才能使学习者积累到足够多的词汇并对词汇的不同含义产生深刻的认知，在阅读的时候，学生可以通过作品去了解某个时代的概况，跟随故事中人物的情感去体味作者的感想，这样也可以给学生积累下丰富的素材，并陶冶他们的情操。所以，阅读是非常重要的，它不仅可以开阔学生视野，还能在一定程度上提高学生写作能力。

第五，引导学生规范跨文化写作格式。当前，高校都非常注重学生英语语言能力及跨文化交际意识的培养，学生这些方面能力的提高完全可以依托写作教学来实现，在当前的写作教学中，教师应该让学生明确不同语言的文化要素，并且让他们能按照特定的表达结构进行书写。

教师在指导学生写作书信文体的作文时，应该让学生明确一般的写作顺序，因为英文的书信写作与我们是截然不同的，所以教师应该着重进行讲解，以免学生犯错误。

五、跨文化交际与英语翻译教学的融合发展

（一）跨文化交际中融入英语翻译教学的重要性

1. 有利于深化对原文的理解

翻译活动包括三个方面：一是理解原文；二是表达原文；三是校验原文。翻译人员要想将文章完美地翻译出来就应该对原文有深入的理解，在翻译过程中对原文的理解与普通的阅读理解是不同的，译者除了应该从句子含义的角度入手理解，还应该在语与语法的基础上对此进行理解，如果在翻译的过程中没有融入跨文化意识，就会影响译文的准确性。

中西方在翻译亲属称谓的时候存在着很大的差异，我国对称谓区分得更为精细，并且更重视宗族观念，不同的关系之间都有不同的称谓，但是有时候我们也会喊一些并不认识的人为"大姐""大爷"等，那么在进行翻译的时候，我们就不能将这些称谓简单地翻译为"sister""uncle"，而是应该立足不同的语境对他们进行翻译。

2.有利于优化译文表达

翻译并不是源词语和语句之间的转换，也不是在目标语中找寻对应的词汇结构，如果在翻译的过程中，学生仅仅关注源语的表层，那么就会让翻译的内容流于形式，从而导致翻译内容与源语的差异。

在开展翻译教学的过程中，学生应该明确不同文化之间存在语言形式的差异，并且需要根据译入语的习惯做出相应的调整，如果学生没有意识到两种语言之间的差异，而是进行一字一句的翻译，就会破坏源语的情感，所以在具体的翻译实践中，学生应该意识到中西文化的不同差异，明确作者的思想情感，从而更好地把握原文、进行翻译。

（二）跨文化交际与英语翻译教学能力的培养策略

1.文化语言能力的培养

（1）扩大学生的知识面。在翻译人才的培养过程中，我们应该逐步扩大人才的知识面，对于学生而言，英语学习环境是很匮乏的，如果培养观念再不更新的话，就会使学生的学习积极性更低。例如，人们认为只要学好课本的知识就行了，但是只有做到文化知识与翻译策略的双并重才是最重要的，对于翻译而言，它是一门比较综合的学科，与很多的领域都有密切关系，如果译者对语言知识没有熟练掌握，就无法精准理解翻译文本的内容，这样翻译工作就会难以开展。所以高校就需要多设置一些文化类的课程，如英美文学等，让学生能明确不同的文化形式，从而逐步提高自己的文化意识与翻译能力。

（2）培养学生的语用能力。学生还应该提高自己的语用能力，这样才能更好地理解文本中所蕴含的知识，在培养学生跨文化能力的时候，教师应该立足英美文化，给学生讲解不同文化之间的差异，这样学生就能对文化产生不同的感受，从而提高学习兴趣。

除此之外，教材也会对学生的语用能力产生一定的影响，教师应该选择那些涵盖文化差异的教材，从而让他们对语言的不同表达方式有更清晰的认知，同时教师也应该为学生设置一些跨文化的语用场景，并让学生了解语言的运用情况。

2. 文化翻译策略能力的培养

（1）归化与异化策略。要想成为一名好的译者，就需要灵活使用不同的翻译策略，也应该根据不同翻译对策的优劣势从而结合使用。对于译者而言，首要的工作就是要明确原文的底蕴，然后从翻译的目的及作者的意图等层面出发选择合适的翻译策略。在具体翻译的时候，应该以异化翻译的方式为主，让译文尽可能地实现异化，同时还需要保证归化的使用。

译者在处理这二者的关系时，就需要根据原文的情况作出正确处理，如果选择了异化的策略，就要保证译文能准确传达出原作的内涵；如果采用了归化的翻译对策，就应该使得译文与原文的风格对等。

需要注意的是，就算是在同一篇文章中，译者所采用的翻译策略也不具有单一性，译者可以根据文本的需要灵活选择翻译对策，如果遇到文化问题，译者就更应该调动自己的跨文化背景知识，从而采用合适的对策进行翻译。

（2）文化间性策略。文化间性主义者认为，译者在翻译的时候应该实现文化的互补与协调，不同文化之间有着明显的差异，译者就应该找到不同文化之间的共性，建立起不同文化之间的联系，从而实现文化的互动。对于译者而言，应该以广博的心胸接纳不同的文化，只有这样，才能从容不迫地进行翻译。

译者应该综合利用多种翻译方式，从而实现翻译的"信、达、雅"目标。

（3）文化调停策略。在翻译的时候可以将那些不重要的因素省略。例如，当涉及文化因素，我们可以忽视其文化因素，而仅翻译文化的深层含义。

综上所述，如果归化或异化策略都宣告失败，无法将原文的意思表达出来时就可以采用文化调停策略，这样可以在译文中更好地展示出原文所要表达的思想。

（4）文化对应策略。在中西方文化中，也有一些地方是有相似之处的，在遇到这种情况的时候就可以采用文化对应的策略进行翻译。例如，我们都知道梁祝化蝶的凄美故事，但是在西方人的眼里，梁山伯与祝英台仅仅是两个普通的名字，他们无法透过这两个名字理解其背后的爱情故事，但是，要是我们将其翻译成罗密欧与朱丽叶，显然就能引起西方读者的共鸣。

翻译的对策有很多种，但是异化与归化依然是占有主导地位的翻译对策，为了照顾读者，译者会采用归化的翻译策略，这样可以让读者对原文有更深入、清晰的理解，异化策略则与之相反。

在具体的翻译过程中，需要译者把握好翻译的度，采取合适的策略，这样才能避免走入极端，但是如果这两种对策仍然没有办法解决翻译问题，无法将原文的意思精确表达出来，译者就需要考虑其他的方法了。

在日常的生活中，为了实现良好的沟通成效，一些广告或者是新闻报道的翻译就多采用归化的方式，这样显然能利于读者的理解。如果无法运用归化的对策，也可以采用文化调停的方式，这样就可以让译作变得更为清晰，也可以让读者全面理解原文意思。

如果译者面对的是那些比较严谨的科技类文章，就可以多采用异化的对策，因为作者写作此类文章的目的在于宣传，在采用异化对策时，译者可以让读者对译入语文化产生更深刻认知。

（三）跨文化交际与英语翻译教学融合发展的优化举措

1. 注重中西方文化在思维模式上的差异

在高校英语翻译教学中，教师应该注重学生跨文化能力的培养，并让学生意识到东西方文化的差异，明确不同民族人们思维方式的差别。

很显然，在不同的文化背景下，人的思维模式是不同的，并且随着社会的发展，处于同一地区的人们的思维模式也会产生些许的变化。我们和西方人的思维方式存在很大的差异，在学习的时候，我们往往仅重视自己的本国文化，却忽略了其他国家的文化，但是随着社会的进一步发展及不同国家间交往的日益增多，当前的教学模式必然会发生改变，所以，教师应该让学生意识到不同的思维模式。

2. 提升学生对不同文化背景下中西方生活环境及经验重视

文化的不同也会影响人们的语言，所以不同生态环境下人们的语言也不同。以我国为例，不同的地区有不同的方言，甚至在见面时他们所探讨的话题也不一样，要是将这个范围扩大到其他国家，这一现象就会更明显。教师在进行翻译教学的时候，应该重视不同地区、不同文化人们生活的具体环境，并且学生也应该将自己代入具体的情境中，逐步提高自己对文化的认知能力。

在具体的教学实践中，学生的翻译能力如何最能体现出学生的跨文化交际能力，所以学生应该重视不同文化背景下人们的生活经验，并不断提高自己的翻译能力。

3. 对第二课堂进行合理安排，并不断创新教学观念

在教学活动中，课堂教学是一种最基本的形式，因此，我们还可以把课堂教学称为第一课堂。但是，因为英语翻译是一项具有较强的应用性的语言交际技能，并不能只依赖于第一课堂的教学，还需要充分运用第二课堂，对课堂教学的内容进行详细的研究和了解，从而对学生的跨文化交际能力进行培养。

要想充分运用第二课堂，可以借助以下方面进行：一是积极创造的环境，对文化学习的氛围进行营造。学习环境影响学生的学习情况，而且这种影响非常大，当具有较好的西方文化学习环境时，学生跨文化交流的热情就可以逐渐被培养起来，使学生对英语翻译产生一定的学习兴趣，如教师可以在课堂以外培养学生的跨文化交际能力，积极组织学生开展各种各样的活动，加深学生对跨文化交际能力的解读。二是教师还可以积极组织英语社团，在社团中，成员主要是学生，教师只是对社团进行一定的指导，当学生遇到自己不懂的问题时，可以积极寻求老师的帮助，当然，也可以向其他学生寻求帮助，这样就可以减少学习中出现遗留问题。

第四章　跨文化交际能力培养与语用策略

第一节　跨文化交际能力培养的路径

随着科学技术的进步和全球一体化的进程，以及多元文化的发展，跨文化交际活动日趋频繁，培养具有多元文化视野的跨文化交际人才已成为英语教学的重心之一。提高学生的跨文化交际能力主要从以下方面着手：

一、跨文化谈判

随着人类社会的发展，不同人群、组织或国家不可避免地会发生各种关系，如人员往来、经济贸易、文化交流等。各种沟通或关系发展得日益频繁，必然会发生各种各样的冲突和矛盾。为了协调这些冲突和矛盾，双方就要进行谈判（negotiation）来说服对方，或一方作出妥协，以达到互赢的目的。因此，有关系就有冲突，有冲突就有谈判的存在。可见谈判是人类沟通互动的一个紧要部分。

跨文化谈判的过程，通常可以分为以下阶段：

第一，计划。计划阶段指谈判尚未登场，双方还未碰面之前的准备工作。好像考试一样，试前花更多时间准备的人，往往是考得较满意的人。跨文化谈判前的计划与准备，首先是收集和准备有关谈判的各种资料及各种常规事项，如谈判时间、可能的抉择、共同的底线、长短期的冲击等项目。其次是对对方谈判人选特别是首席谈判代表的调查，包括他们的教育背景、家庭背景、兴趣爱好、性格偏好等等。

第二，建立关系。这个阶段双方已经见面，开始彼此认识。这个阶段最重要的是彼此展现相互尊重和彼此信任的态度以及希望通过谈判来解决问题的良好愿望。

第三，交换相关资讯。在这个阶段，谈判者应该专注把己方的情况和诉求表达清楚的同时了解对方的情况和诉求。应该明确的是，情况和诉求的表述，并不是所谓的立场表述。立场是一方在对某件具体事件上提出的唯一诉求，具有排他性；情况和诉求则可根据时势的变化而适当加以调整。

第四，说服。谈判双方交换了情况和诉求的资讯后，接着就是彼此试着说服对方，接受己方的条件。说服是使用各种沟通技巧和策略，来影响对方改变主意，以达到自己目的的过程。

第五，让步与达成协议。谈判是双方妥协的艺术，只有双方都懂得妥协才能取得双赢的结果。这种妥协不是为了失去，而是为了在自己得到更多的同时，而对方也能得到，否则就是单赢或者单输。跨文化谈判的最后阶段，是彼此在该让步的地方让步，该妥协的时候妥协，然后达成最后的协议。

第六，协议的签订。协议书通常是书面文件，因此，在这个阶段，最应该注意的就是选择双方都能接受的文字和翻译。

二、跨文化训练

能否成功地适应地主国文化，取决于旅居人对目的国文化的了解程度以及本人沟通能力的大小和技巧的熟练程度。上述沟通能力和技巧，并非与生俱来的，而是必须经专门的训练和学习，才能慢慢习得。跨文化训练就是用来帮助个人学习和提高沟通胜任度或能力的。以下就来讨论跨文化训练的目的与各种方法。

（一）跨文化训练的主要目的

跨文化训练的主要目的可以归纳为三项：在认知上改变个人的思想；在情感上改变个人感情的反应；个人行为上的改变。

第一，认知方面。跨文化训练在认知方面，试图改变参与者的思想，以达到四项目标：能够理解地主国人的思想行为；消除或减少对地主国不利的刻板印象；改变对其他文化过度简化的思考方式，并进一步发展出一套较完整与复杂的系统以便更好更深入地了解其他文化；经过一段时间的跨文化训练，能够让受训的人，对自己的文化有深入的了解。

第二，情感方面。在情感方面，跨文化训练试图让参与者与地主国人建立正面性的感情。这包括五种改变：培养一种乐于（enjoy）与不同文化的人们互动的心情；与不同文化人们互动时没有焦虑感；能够与不同文化人们建立工作关系；能够喜欢被指派的额外责任；能够容忍、欣赏，甚至接受文化差异带来的困惑。

第三，行为方面。在行为方面，跨文化训练试图改变参与者的行动力，以便有足够的能力和意愿与来自不同文化的人们建立良好的人际关系、加强日常生活的互动、增强工作表现等。其中包括：能够在多文化的团队里，与队员建立良好的人际关系；能够适应和勇敢面对在地主国承受的压力；能够在工作方面表现出良好的工作能力；能够畅通无阻地和地主国人进行沟通；有能力协助他人和地主国人建立良好的关系。

（二）跨文化训练的方法构建

跨文化训练的方法可分为训练的模式与训练的特殊性技术。训练的模式侧重跨文化训练方法一般性的原则，训练的特殊性技术是在跨文化训练过程中，可以直接操作以达到不同模式所提出的目标。

跨文化训练的模式。20世纪70年代后期，就有不少学者开始进行跨文化训练的研究与应用。综合各家的论述，人们可以归纳出六种比较普遍的跨文化训练的模式：教学模式、模拟模式、自知之明模式、文化理解模式、行为模式与互动模式。

教学模式。教学模式又称为"知识模式"或"大学模式"。这个模式大概是所有模式中最为简便易行的方法。如同在教室上课一样，受训人经由聆听的过程，接受老师或训练者的教导。这个模式主要侧重在认知能力的强化，通过教师的讲解，或者通过看影片、阅读和其他教学方法的互用，使受训人在短时间内能够了解一个目的国文化的主要的民俗民情、风俗习惯、历史地理、基本的社会结构及思想偏好等。这个模式方便省事，但是它的主要缺点也是显而易见的：学生所学与实际情况之间，毕竟有一段不小的差距。换言之，能知未必能行，这使得这个模式有闭门造车之嫌。因此使用这种模式，必要有其他模式的配合，以达理论与实际的契合。

模拟模式。模拟模式是意识到教学模式的缺点而建立的。这个模式是基于这个认识而建立的，就是：当受训人在某个特定的模拟文化环境生活过一段时间，他们自然而然会学到适应这个文化环境的思维和行为方式以及解决问题的方法和能力，从而使他们更为容易地度过跨文化适应过程。

这个模式的具体方法是建立一个与目的文化类似的模拟环境，然后要求受训人全身心投入，以便在这个模拟的环境，获取生活与沟通的经验。这个模式鼓励受训人尽可能多地与即将客居文化的家庭和个人进行沟通，并尽可能多地使模拟环境内客居文化环境进行各种变化。经由这种模式的训练，受训人能够消除或减少适应目的文化的焦虑与挫折感。

这个模式具有四项特色：整个训练的焦点是受训人；受训人在训练的过程中，必须对自己的所作所为负责；重视实际解决问题能力的学习，而非文化知识的；教导受训人从互动的过程来学习跨文化的适应。这个模式的缺点则有两个：一是要模拟一个完全类似的文化环境，几乎是不可能的事。不适当的模拟环境，很可能给受训人到达客异国之后，带来更多的麻烦。二是这个模式的训练，通常只持续一天或几个星期。这种时间的限制，受训人不太可能对客居文化有足够的认识。因此，教学模式与模拟模式合用，似乎是比较可行的方法。

自知之明模式。跨文化训练的自知之明模式认为，能够了解自己，是跨文化适应成功的基本功夫。自知之明是敏觉力的发挥，敏觉力强的人，对周遭与自己的事物的洞察力比较深刻。因此，这个模式旨在训练参与者能够洞察到别人的行为与表达的线索，而引导自己行使适当互动的能力。换言之，这个模式的目的，在增强受训了解人群互动的心理势力与自己如何影响别人行为的过程。虽然自知之明有助于跨文化的沟通，但是这种侧重个人心理内在运作过程的训练，能否真正应对跨文化沟通时所掺入的复杂与多样化的因素，实在值得疑惑。另外，自知之明模式也没有提供像教学模式一样地超越了自我以获取他人文化知识的能力，而且对跨文化沟通所需的行为方面的技巧，也付诸阙如。

文化理解模式。跨文化训练的文化理解模式的理论与自知之明模式恰恰相反，着重在文化知识的灌输，而非有关个人的了解。这个模式主张，了解他人文化的基础是首先了解自己的文化。换言之，想要有效地与其他文化的人们沟通，人们首先必须对自己的文化有彻底的了解，同时也对对方文化的价值观、风俗习惯与各种行为方式有比较好的了解。

行为模式。跨文化训练的行为模式认为，只要学会了地主国人的行为技巧，则对该文化的适应就能得心应手。因此，这个模式的训练方法是：首先模拟制定出一系列适合目的文化的行为举止，然后在负责训练的人的指导下，受训人学习这些模拟的行为举止。

一般而言，经由这个训练的过程，受训人可以消除与地主国人互动时，因状况不明而产生的焦虑感。虽然行为模式的训练，注重明显问题的解决，而且训练的内容与设计通常清晰明了，它还是具有三项可能的缺点：第一，这个模式给提供训练者，带来很大的压力。因为训练者必须对某个文化有深入的了解，而且能够从中提炼出代表该文化的适当行为。第二，目前还没有足够的研究显示，了解某个文化的行为，能真正帮助旅居人的跨文化适应。第三，专注在一组行为的做法，显然忽略了文化的动态性。以文化这么复杂的一个概念而言，要把它浓缩到一组可以经由训练即可获得的行为技巧，似乎是不切实际的期待。

互动模式。跨文化训练的互动模式思路是：受训人直接与来自地主国的人们沟通互动。因为这个模式认为，弱国已经经历过与地主国人面对面的沟通，受训人在未来的客居国居住或工作时会感到更加舒适和自然。在这种体验式的学习过程中，受训人同时还可以了解地主国的文化系统与地道的行为形态。互动模式在大学校园甚为普遍，通常是使用工作坊的方式，邀请在校就读的外籍学生参与，给受训人提供一个面对面互动的机会。这个模式的最大优点是，来自地主国的人们能够带来活灵活现的、原汁原味的他们国家正确与较完整的文化讯息和行为形态。缺点是来自地主国的人们，很可能把自己的文化理想化，或不愿表达文化负面的部分，结果扭曲的文化的形象，反而给受训人带来负面的影响。

这些跨文化训练的模式各有其优点与缺点，它们在理念上，也或多或少有重复之处。基本上，要达到真正能够帮助旅居人的跨文化适应，根据训练的性质与目的，同时采用两种以上的模式以相辅相成，是比较可行的方式。

跨文化训练的特殊技术。跨文化训练的特殊性技术指训练时直接用以操作，以达到不同模式所提出的目标的方法。常用的特殊性技术包括角色扮演、个案研究、紧要事件、文化同化案件与模拟训练法。

角色扮演。角色扮演要求受训人扮演一个模拟目的国实际生活场景的一个或一类角色。角色扮演的目的，在于让受训人在一个模拟的场景里，亲自体验和尝试解决客居国生活上可能碰上类似的问题。这个方法最大的优点是，在一个模拟的客居国环境里，受训人亲自参与和体验生活在另一个文化的感受，成为场景的亲历者、参与者，而不仅仅是一个旁观者。在跨文化训练里，角色扮演的方法，可以用来达到几个特殊性的目的：练习与学习跨文化沟通的技巧；练习如何在一个特殊环境里解决问题；探索在模拟情况下的反应与感觉；鼓励与提升受训人的参与感；帮助受训人较深入地了解不同文化人们的思想与行为形态。

个案研究。个案研究法是对复杂文化事件的描述。个案研究里所描述的事件，在实际生活中虽然很少会真正地发生，但是与个案描述的类似事件，在生活中却会层出不穷。因此，个案研究法近似实际生活的事件描述，为受训人提供了一个有效分析与解决问题的好机会。换言之，一个好的个案研究，具有让受训人思考、分析、讨论、诊断与提出解决方法的潜力。一个好的个案研究，通常必须具备六个要素：描述一个与实际生活很相近的特殊情况；注重经验感，也就是在讨论个案的时候，集中在实际的情况，让受训人有真正投入的感觉；强调特殊，而非广泛性的情况；在分析个案的时候，须尽量让受训人变成一个决策者；个案的讨论，必须有适当的时间限制；能够促使受训人玩味重要的跨文化问题。

紧要事件。紧要事件可以是短小精悍的个案研究。因为个案研究处理复杂性的文化事件，同时提出较多的讨论问题，试图把受训人对客居文化的了解提到最上限，操作起来比较费时费事，因此在跨文化训练中，紧要事件法有时反而更受欢迎。紧要事件必须建立在实际跨文化生活经验的例子。事件的描述也必须建立在因文化的差异所产生的具有争论性或冲突性的部分，以激励受训人的讨论。

文化同化案件。文化同化案件是紧要事件法的延伸。除了包括一个紧要事件之外，文化同化案件提供了解答案件中那个问题的四到五个可能性的答案。这些答案没有一个是完全错误的，每个答案都可以或多或少，用来解答有关案件里所描述的某个特殊文化的问题。不过，这些答案中，只有一个是最理想、最具有代表性。文化同化案件也必须提供，为何答案不是最好或最具代表性的解释。对最理想的那个答案，也必须以长一点的篇幅说明原因。文化同化案件与紧要事件法，对客居文化的了解有很强的功能。文化同化案件法对受训人自己文化的了解，也很有助益。因为做文化同化案件时，可以从自己文化的角度来回答那个问题，再与从客居文化的角度回答该问题一起比较，双方文化的差异顿时出现。

模拟训练法。模拟训练法既可以是一种模式，也可以用为特殊性的训练技术。模拟训练法虽是费时费事，但仍是跨文化训练中，经验学习法里最有力量的方法之一。模拟训练法主要在教导受训人有关文化的基本事实与特征。它给受训人提供了一个在模拟情况下，亲身观察和体验与不同文化人们互动的机会，并产生一种与在实际环境下的相同感受。模拟训练法旨在达成五个目的：增加受训人对自己与客居文化的理解；了解在新文化适应过程可能遭受到的问题；鼓舞对文化差异进行有意义的讨论；让受训人可以在一个没有胁迫性的情况下，实习一个新的角色与表达自己；直接把受训人在感情上拉入模拟的情况，并借此习得跨文化沟通的原则。

第二节　跨文化交际中的语用策略

语用学属于语言学分支学科，兴起于西方。随着改革开放的深入发展，我国与世界各国的交往越来越频繁，人们在与不同文化背景的人们交往时常常会不自觉地进行语用迁移，用他们本族语言的用语规范作为标准去套用、理解或评价别人的交际行为，从而产生语用失误，导致了交际障碍甚至是失败。因此，"为了避免误解冲突的产生，取得良好的交际效果，适当有效的语用策略的运用至关重要"[①]。

另外，语言由句法、语义和语用组成，语用学探讨的是在上下文中，语言使用所发挥的效果以及语言符号和语言使用者之间存在的关联。把语用学和其他学科相结合，则会产生跨文化语用学、社会语用学等。

在交际过程中，非母语或不同国家和民族交际者使用的同一种语言，被称为跨文化交际语。社会文化的语用研究、言语行为的语用研究、语际语言的语用研究以及对比语用研究，都是跨文化语用学的研究内容。

一、跨文化交际中汉语表扬语的语用策略

从跨文化语用差异的角度考虑，中国特有的社会文化背景和民族特色使中国人表扬的方式有着与西方人截然不同的特色，在汉语国际教学这样的跨文化交际课堂上，应该注意其语用的得体性，以免造成不必要的误解和交际障碍。

---

① 赵玉敏. 跨文化交际中的语用策略研究［J］. 漯河职业技术学院学报，2008，7（6）：99.

首先，各国语言中都不同程度地存在着"树立榜样"这种话语模式。但在现代汉语中以"树立榜样""向某人学习"的激励法来表达表扬和赞美的话语模式，则是中国当代文化的一大特色。然而，在跨文化交流中，人们应该注意跨文化语用差异，由于现代教育重视学生个性的培养，贯彻平等和尊重的原则，对外国人来说，动不动就向某人学习的话语模式可能使他们莫名其妙，为什么我要向他学习？他比我优秀？或者他就是标准？可能是外国人要问的一些问题。

其次，留学生对"继续努力"的误解。例如，教师说"回答得很不错嘛，可见你在课下认真预习了课文，以后要继续努力！"对中国人来说，我们指导最后一句是鼓励语，但欧美学生则会认为，教师这样说是觉得他的回答不够完美，自己也不够努力，是在"警告"自己以后要做得更好。类似的还有作业的评语："作业认真，继续努力！"因此，教师应在开始时解释一下评语的意思。像第一例句，原本作为评价式表扬已经很好，无须再画蛇添足，反而会引起留学生的不快。

最后，中国人习惯在表扬对方的出色和能干时，用自谦或自贬的方式，用我"做不到"或"比不上你"等来表达。而这些话语方式对西方人来说可能很难接受。

中国人在表示对他人的尊敬时习惯使用谦辞，同时也体现了中国源远流长的传统礼仪，而在欧美的国家或地区，很少使用此类的言语方式来表示礼貌。如在英语文化中谦虚就是减少对自己的表扬，而不是根本不要自我表扬。国际汉语教师可以遵循以下建议，来有效合理地运用"表扬语"：

第一，微笑原则。微笑是人类最甜美、最动人的"语言"，也是沟通人际关系的万能药。老师的一个微笑，胜过万语千言。它既可以让老师显得平易近人，又可以拉近老师和学生的距离，让学生愿意亲近老师。

第二，表扬原则。不管回答得如何，老师都要及时对发言的学生予以表扬。只有这样，学生才能有成就感，才能鼓励学生多回答问题。在与学生的互动中，可以对他们的真实想法和心理状态有一个了解，用可以让学生感兴趣的题材，来提高教学效果。同时也可以反思自己的教学方法和教学效果，以改进自己的工作。

第三，表扬要具体。明确而具体的表扬会让学生明白什么是对的，什么是错的，从而给学生指明努力的方向。比如，在表扬学生时，不是说你最近表现很好。因为这样学生不知道自己做的什么事是对的、是值得表扬的。而是要指明具体什么好，比如，你最近数学有了很大进步，或者你最近经常帮助他人等。

第四，正面评价表扬而不是一味地指责批评。正面批评他人特别是在课堂这样的公开场合是弊大于利的，因为它可能使学生的自尊心受到伤害，也会使学生产生抵触情绪。多次看到学生跟任课教师发生争执，只是因为教师当着全班同学的面批评他没完成作业。因此，公开的批评应当尽量避免。

因此，在面对此类问题时，教师要与有问题的学生单独谈话，不要让他们在他人面前丢脸，并给学生解释和辩解的机会。

二、跨文化交际中汉语鼓励语的语用策略

汉语鼓励性言语，无论在人们的生活用语中，还是在对外汉语课堂教学中都占据着重要的位置。一句激励的话语往往会使人精神振作，信心倍增。特别是对外汉语教师在课堂教学中，掌握并得体地使用鼓励用语十分必要。然而，如何说好鼓励的话，在怎样的情境下应该选择怎样的鼓励话语方式，却未必为人们所熟知。很多教师课堂反馈语中仅限于"好，很好，很不错"之类表扬性的话语，连"加油、我支持你"这类简单的鼓励性用语都很少用到。《对外汉语教学中高级阶段功能大纲》中对"鼓励"这类属"理性认识表达"的言语形式概括得十分简单，而事实上，汉语鼓励语的话语模式和语用类型非常丰富。

作为对外汉语教师，人们不仅应了解不同鼓励言语类型的使用场合和语用策略，更应该重视课堂鼓励言语对学生学习异文化和第二语言的重要性。由于中外鼓励性言语的跨文化语用差异，基本上是彼多我少；还有的像汉语中"下次努力、继续努力"这类"指导劝说式"鼓励语，放在西方文化的语境下会被误解为"教师认为自己还不够努力"。因此，跨文化互动交流的课堂语境对国际汉语教师使用鼓励语提出了特殊的要求，即应以不同国家的鼓励语使用特点为参照，调整汉语鼓励语的语用策略，包括对日韩及东南亚留学生，适当多用汉语鼓励语，以利于激活课堂教学的气氛和师生互动的情绪，激发留学生学习汉语的热情。比如，"您"字不要用得太频繁，否则就有点不自然。因为，在真实的在汉语交际环境中，人们并不会频繁使用"您"字。有的时候，如果班里有年龄较大的学生，甚至

比教师的年龄还大，那么这个学生与教师的关系以及交谈也变得比较尴尬、不自然。若互相称呼"您"，或者说话都非常客气，让人感觉不是很自然，有距离感。但若直接称呼学生的名字，有些年长的学生则会觉得很刺耳，甚至觉得教师这样做没有礼貌，难以接受。这一点并没有引起中方教师的注意，让年龄大的学生感到没有受到应有的尊重。这种因文化差异给中外人际交往带来的问题应引起注意。

第五章　跨文化交际中的对外汉语人才培养策略

第一节　对外汉语中的文化传播策略

中国古老的传统优秀文化受到了越来越多国家的追捧，越来越多的人开始热衷于学习汉语，对中国的兴趣也日益增加，这使得中国在国际上具有更重要的地位。如今汉语热已经成为一种时尚，这为汉语国际化发展带来了利好的环境。越来越多外国学生的留学第一选择，也确定是中国。

我国具有深远的文化历史背景，国际范围内汉语文化的传播基本上已经和汉语语言教学一致，这使得对外汉语的教学、文化教学及文化传播的过程是同步进行的。因此，对外汉语教学的过程，既要注重语言能力和技巧的培养，更要注重中华传统文化的传扬，两者在教学中的积极意义都是不可或缺的。

汉语随着文明的产生而产生，是一种丰富、优美、古老的语言。文化和语言之间有着不可分割的联系，且在对外汉语教学中也应该进行中华传统文化的传播。因此，对外汉语教学中需要将如何融合中华文化的传播及如何将语言教育与文化传播联系起来作为研究方向。

一、加强对外汉语中教师队伍的建设策略

学习语言必然要依附在一定的文化上，将语言作为一种载体和介质。对外汉语教学的老师要提高自己的综合素质，不能单纯地进行汉语语言传授，而是要将文化传播的使命融入语言教学中，这对老师的整体素养要求较高，需要其不仅有非常专业的汉语言知识，还要有非常深厚的文化基础。

第一，汉语教师要注重自身文化知识的学习和完善。中华传统文化有着几千年历史，内容渊博，而这种文化底蕴深深地吸引着外国学生。例如，汉字有着很好的象形属性，由各种单音节的词和词素组成。很多留学生觉得中国汉字既难认又难念，更难写。若是在汉语教学中，老师能够将汉字的构造特点、形体特点进行讲解，则能够极大地简化学习的难度，还有利于激发学生对汉字的兴趣和热情，从而更容易学好汉语。

第二，汉语教学必须具体问题具体分析，与地域文化进行融合。汉语之所以对留学生产生较大的吸引力，是因为中国独具魅力的文化背景所造成的。因此，对地域文化的理解有利于老师结合地域文化实施教学，让学生对中华文化有更深入的认识。

二、将中国文化融入对外汉语教学中

语言知识的教学是为了培养学生的交流技能，以实际运用作为教学目的。以往的教学方式较简单，学生一般只能被动接受，这种方式无法很好地调动学生的学习热情和学习积极性，不利于学习效果的提高。所以，现在对外汉语教学中要注意避免该种方式，要将中国传统文化进行适当融合，以文化魅力吸引学生进行汉语言学习，让课堂气氛更加活跃，让语言教学更有趣味。

汉字传授一直是对外汉语教学中的重点难点。这是因为外国的语言组成和中国汉字组成有很大差异，外国语言一般是字母组合而成，与之相比，汉字的构造更加复杂，对留学生而言难度系数较高。在这个时候，通过融入中国书法的方式，让学生欣赏各种字体和各个大师的作品及碑刻图片等，以此激发学生书写汉字的兴趣。

中国歌曲对汉语学习也有一定的帮助，可用于活跃课堂气氛，增加学生学习的乐趣。这种模式的教学内容以文化为基础、手段为语言，有利于丰富留学生的学习文化背景，使其对中国文化底蕴有更深刻认识。文化以语言作为载体和媒介，语言中透露着文化的底蕴，因此对语言的学习不能脱离文化背景进行。因此，对外汉语教学中引入中国传统文化，可以使语言教学的趣味性更强，教学更生动。

对外汉语教学中蕴含着极其丰富的文化，并成为我国不可取代的一种重要精神财富，对中国各个历史时期的作用都是不可忽视的。对外汉语教学的老师应该注重自身文化素养的学习和提升，不断充实自己的知识体系和文化素质，并将之运用到教学中，提高教学效果，将对外汉语教学工作做到更加完善，将中国传统文化推广到世界各地，让世界文化发展更具多元化。

第二节　对外汉语中的传统文化传播与教学策略

一、对外汉语中的传统文化传播

很多学者认为，人文科学同自然科学之间在这方面有着很大的差异性，因为人文科学范畴内的很多名词很难有一个确切的定义。因此，文化是一个非常广泛的概念，既包括精神类的，也包括物质类的，只要和人有关，就可以被称为"文化"。

文化所涵盖的范畴非常广泛，也异常复杂，包括与物质有关的文化、与制度有关的文化、与行为有关的文化、与心态有关的文化，其中最为核心的是价值观念，也就是文化在上层建筑中的表现。凡是具有民族特色的，能够作为中国传统文化代表，被汉语学习者感兴趣，被其他民族的民众所需要并喜爱的中华传统文化，都可以作为对外文化交流和传播以及教学的内容。

现阶段，我国对外汉语教学的对象已经不仅包括高校留学生，还包括很多对中华传统文化感兴趣或需要进行跨文化交际从事与汉语相关工作的外国人。

（一）中国传统文化的认知

传统文化指每一个民族历经长期的发展，随着时间的推移逐渐形成并不断发展，具有一定的保存价值，形态较为稳定的一种文化。中国传统文化指在多元化文化中占有主流地位的华夏民族文化，经过不断融合和发展而形成的，形态相对稳定的中国文化。这种文化包含的内容及层面较多，主要有传统思想观念、传统生活方式、传统价值取向、传统道德标准、传统礼仪制度、传统思维方式、传统文化艺术等。传统文化在经过长期发展后，会形成一定的文化积淀，由传统文化发展成为一种民族精神，而且这种民族精神较为稳定。因此，在对外进行汉语教学的过程中，应当大力弘扬中华优秀的传统文化。

中国传统文化主要内容包括十个方面：传统宗教、传统戏曲、传统艺术、古代哲学、古代文学、古代教育、传统节日、传统礼仪、古代科技及传统饮食文化。尽管近现代人们的生活节奏已经远远超越了很多古代传统文化的原有节奏，并且随着时代发展，中国人的思维方式、生活方式发生了巨大变化，但是中国社会的转型及快速发展，实际上源于中华传统文化。中华传统文化有着自身无可替代的文化价值。中华文明的演变、中华民族性格的演变都促进了中华传统文化的发展。

（二）对外汉语与中华传统文化

就目前的对外汉语教学而言，在中华传统文化这个模块中存在一些不足。对中华传统文化重视不够。对外汉语课堂主要是语言知识教学，中华传统文化课程很少；教材不丰富。对外汉语教材市场专门针对留学生，中华传统文化教学的书籍不是很丰富。目前，使用较多的一般是北京语言文化大学出版社出版的《说汉语谈文化》以及《说字释词谈文化》系列丛书；对外汉语教师很难做到样样精通，所以中华传统文化专业教师的需求就格外迫切，但是现在专门从事中华传统文化对外汉语教学的教师还比较少；重理论轻实践。在对外汉语传统文化教学中，往往存在大量的理论灌输、而文化实践偏少的现象。

开展对外汉语工作的目的是使中华儿女乃至全球汉语爱好者更加全面深入了解汉语和中华文化。从长远意义考虑，这项工作是一个高瞻远瞩的重要决策，对于促进中华传统文化的传播具有重要促进作用，提升整个国家的国际竞争力，充分发挥汉语在人类语言发展进程中的重大价值，提升汉语在人类语言史中的地位，使中国人民以更加伟岸的身姿屹立于世界民族之林，为推进文明的多样化做出更大贡献。从这个角度来看，对外汉语教学的价值在于，可以有效地促进中华传统文化的教学与传播。

文化在对外汉语教学中，特指针对外国汉语学习者在汉语学习和使用时，在日常生活、工作中能够使用频率较多的"文化"，包括所有在汉语语言学习和使用过程中用到的文化，对外汉语教学中的重点内容不仅包括语音、语法和词汇，还有文化。而且对外汉语教学过程中文化教学承担了价值观输出的责任，目的是使中国传统文化发扬光大，使外国汉语学习者树立起中华文化的价值观，让外国人真正了解中国文化，端正学习态度，激发学习动机。在对外汉语教学过程中，通过在学习初期从简单易学的传统文化着手，逐渐提高难度，引导和帮助外国的汉语学习者慢慢熟悉中华文化，避免出现"文化休克"现象。

对外汉语教学中的中华传统文化，应该包含经过上千年历史变迁而沉淀下来的经典文化，而且同样能够获得汉语学习者的格外青睐和高度关注，推动对外汉语教学和知识的广泛传播。

外国汉语学习者通过学习汉字、词语、句法，掌握一定程度的汉语之后，希望从更深刻的角度认识中国的社会现实和中华文化。从对外汉语教学中一个模块来看，如中华传统文化板块，通常教学内容主要围绕中国传统生活展开，类似于茶文化、酒文化、饮食文化等方面。

在对外汉语教学中要把中国历史与地理、中国文学、中国艺术、中国工艺、中国建筑与园林、中国民情与民俗、中国风景名胜、中国科技与教育、当代中国国情纳入教学内容的范畴。

二、对外汉语中的传统文化的教学策略

（一）面对留学生的传统文化课程教学策略

跨文化交流和学习是留学生在学习汉语时，面临的主要问题，中国有着五千年的文化传承历史，中华文化也是博大精深，来华留学生对于中华文化的适应和接受必然是一个漫长的过程。这要求在教授来华留学生学习汉语的时候不仅要从汉语基础知识入手进行教学，还要从生活方面关心留学生的心理变化。

1. 留学生与跨文化

随着中国经济的不断发展，越来越多的留学生选择来到中国学习汉语言以及中华文化。近年来，多个国家和地区的留学生来到我国进行工作和学习，他们本身即代表着各个国家的文化以及民族特点，来到中国后必然会面临心理状态的调整以及生活习惯的改变，只有在短时间内快速适应中国文化以及基础生活习惯，才能更快地融入中国社会，以便更好地进行交流和学习。

一般而言，留学生来到中国主要有两个途径，首先是进入我国高校，他们在我国高校中学习和成长，其本身即受到中国高校的影响；其次是留学生自发组织一些团体和组织来到中国。

留学生在中国学习和生活中存在着跨文化交际。正是因为如此，教师在对留学生进行汉语教学时，要根据留学生的不同情况，着重进行跨文化交际能力培养，并且鼓励留学生在不同场合积极参加讨论和沟通，建立相对应的教学模式，帮助留学生进行文化适应练习，帮助留学生传播和分析中国传统文化的内涵，帮助留学生建立正确的文化意识，并且要因材施教，对待不同国家和民族的留学生，应当采取不同的引导方法，帮助他们更好更快地进行文化适应学习。

2.跨文化意识——以中英茶文化为例

无论是在中国还是在国外，教育学者都十分关注文化教学模式。对待跨文化教学模式的理论，有学者提出了四种层次模式，分别是了解文化模式、识别文化模式、分析文化模式以及体验文化模式，这四种模式是对文化适应四种阶段的概括和总结。近年来，越来越多的学者对跨文化学习进行分析和研究，他们的研究成果为跨文化交流的教学模式开展奠定了基础。在我国教育体系中，跨文化教学模式还是以李映的教学模式和教学思路最具有代表性。他提出的教学模式层次分明，并且教学内容安排合理，对于我国跨文化教学有着深远影响。

中国是文明世界的茶文化国家，与我国具有相同茶文化历史的国家还有英国等。我国茶文化具有典型的东方韵味，而英国的饮茶文化则代表着西方国家的风格，不同的茶文化是各个国家文化的组成部分。下面通过中国和英国的茶文化，对跨文化意识进行阐述。

（1）熟悉、了解外国文化知识。教师在对留学生进行汉语教学时，首先要熟悉和了解留学生所在国家的历史和文化，只有这样才能尽量减少在教学过程中因为文化分歧而引发的矛盾和冲突。同时，留学生也要了解目的语国家的基础文化和生活习惯。以茶文化为例，英国有着悠久的饮茶历史，英国主要的茶生产品牌是立顿，立顿通过多年的发展和整合，已经成为世界第一大茶叶品牌。

（2）理解外国文化的价值观。文化价值观是体现不同国家文化的依据，不同国家有着不同的文化价值观，同时价值观的养成和改变与教育有着直接联系。教师在进行汉语教学时，要多了解外国文化的价值观。英国的茶文化历史悠久，茶在英国有着比较高的地位，往往饮茶代表着一个人的品位和性格，与此同时，我国五千年的中华传统文化中也有着茶文化的影子，茶文化已经发展成为我国的国粹文化之一。

（3）评价中外文化的差异。通过对外国文化价值观的分析和研究，我们能够发现其与中国文化的差异和不同，这些文化差异是我们在进行日常教学过程中需要注意的方面。

（4）在学习语言和跨文化交际中出现的文化情况要进行灵活运用。日常教学中，要不断鼓励和支持留学生进行跨文化交流实践，通过不断实践和学习，慢慢了解文化差异，同时更好地做到文化适应。

3.茶文化课程教学分析

文化知识教学是文化教学的主要手段和方法。文化知识主要包括文化背景知识、思想信仰文化知识以及专门文化知识。首先，文化背景知识方面包含比较广，如中国历史、地理、中国文学、艺术及哲学等方面，还包括中国各个地区和民族的生活习惯及民风民俗等；其次，思想信仰文化知识方面主要指我国传统的儒家文化，儒家文化是中华文化精髓，它代表着我国悠久的文明历史；在思想文化方面，主要开展对中国经济、政治、人口、教育等方面的研究和分析；最后，是专门文化知识，主要包含我国一些较为系统的文化价值观，茶文化即属于专门文化知识领域。

（1）茶文化理论课程教学。茶文化在理论教学方面，可以细分为广义和狭义。从广义上来看，我国的茶文化中体现着人类社会对于茶叶生产、制造、销售等方面的知识积累，它既包含物质层面的东西，如茶叶的炒制等；也包括精神层面的东西，如对茶叶的理解。从狭义上来看，茶文化体现着人类社会生活的方方面面，这里主要指茶文化的内在精神对于社会发展的引导意义。茶文化中，茶叶的生产和制造本身即一种科学体系，所以茶文化在人文科学方面的研究比较多。

（2）茶文化实践课程教学。茶文化教学包含理论教学和实践教学，其中茶文化的实践教学，也被称为应用性教学。来华留学生在进行茶文化理论教学之后，需要开展对茶文化的实践教学，从茶艺中的各个环节进行参与和学习，以理论知识为指导进行茶艺实践，是对茶文化学习的一种主要方法。教师在进行汉语教学时，需要增加对茶文化的实践教学，通过实践教学帮助留学生更加清楚地了解中华茶文化，并且帮助他们掌握中华茶文化的实践方法。

（二）传统茶文化教学效果的评估策略

对于教育领域的工作者而言，教学评价始终是他们的特别关注点。在教学活动中，教学评价是对教学成果进行科学评价，获得教学成效的有益反馈，对外汉语教师能够据此改进自己的教学方法，调整自己的教学内容，让留学生能够了解自己的学习成效，从而使教与学的质量得到共同提高。在对中华传统的茶文化进行评价时，应该对以下问题给予特别关注，避免教学过程出现偏差。

第一，文化教学的内容与对外汉语教学对象的汉语水平相符。在开展对外汉语教学时，首先要考虑留学生实际的语言能力及对于借助语言开展交际活动的需要，要合理选择教学内容，科学制定教学程序。在学习的初级阶段，教学应当突出语言学习，教授一些与文化相关的名词、成语等，如茶叶、茶、乌龙茶、碧螺春、茶艺等简单词语；中级阶段，可以提高学习难度，增加新的学习内容，如安排留学生学习《品茶》《茶与饮茶》等较为专业的课文，在课堂上可以为留学生讲授中国茶文化的发展史，中国茶文化对世界其他国家的影响，中国茶文化对外传播的历史等；高级阶段，可以开设较为专业的茶文化课程。

第二，茶文化教学的内容应该是经典代表。在茶文化教学中，所选择的课程内容要具有一定的代表性。在教学中应当将当代实际生活中的茶文化作为主要内容，这样语言学习者才能在学习茶文化的同时，提高自身的汉语交际水平，增强跨文化交际的实际能力。

第三，谨慎选择茶文化教学的内容。在对外汉语教学过程中，要谨慎选择茶文化的相关内容。因为不论任何国家，其文化中或多或少存在一定的排他性。因此在选择茶文化教学内容时，要体现出中国礼仪之邦的特性，秉持着包容和友好的态度，面对他人，面对其他国家文化，这样才能更好地帮助外国友人了解中国文化，避免在教学中因为存在文化上的差异而产生不必要的冲突。

第三节　汉语国际教育的跨文化交际传播策略

"交叉学科"一般指在两门或多门学科交叉渗透的基础上发展起来的学科（群），知识体系中通常包含多个不同学科的理论和视角。在此定义下，汉语国际教育专业即典型的交叉学科，跨文化交际学是汉语国际教育专业学科体系中作为基础理论的一门学科，同样具有突出的多学科性质。

"跨文化交际的学习既是汉语国际教育专业生的基本能力和素质要求，同时其多学科的性质又能为汉语国际教育专业生拓宽视野，培养广博的知识体系，这一学科特性十分契合汉语国际教育专业生需要广泛地学习以达到融会贯通的要求"[①]。

一、跨文化交际多学科与汉语国际教育交叉学科的性质

交叉学科是在两种或两种以上单一学科基础上，科学主体凭借对象整合、概念移植、理论渗透和类比推理等方法，对对象世界及其变化进行探测、体认，先后形成的跨越单一学科性的独立的学科理论体系。

汉语国际教育的交叉学科性质已达成共识。汉语国际教育是一个独立的学科，虽然汉语国际教育专业的专业知识体系目前学界还仍在讨论，但汉语国际教育是一个正在形成中的交叉学科和汉语国际教育很难简单地归之于某个单一学科，这一认知却已经基本达成共识。根据本专业的培养目标，汉语国际教育的学科体系一般包括三部分：一是学科的理论基础，例如语言学、教育学、心理学等；二是学科理论体系，即属于汉语国际教育学科本体的研究，包括汉语作为第二语言教学的理论、汉语习得理论等；第三部分即实践层面的研究，包括课堂管理、汉语教材的研发等。从其理论基础的学科来看，汉语国际教育的交叉存在于人文科学、社会科学等领域，虽然语言学、教育学、心理学等学科本体差别较大，但不妨碍汉语国际教育专业学习者将这些知识融为一体，灵活运用。

---

① 徐春暄．论汉语国际教育的跨文化交际传播策略［J］．采写编，2021（3）：123.

跨文化交际学在取材于众多基础学科的同时，又能为不同的学科提供支持和帮助，可见这是一个双向支持的过程，跨文化交际需要从人类学、文化学等不同的学科获取理论和研究视角，这些相关专业的学习者学习跨文化交际学又能更好地辅助自己的学科，完善自己的理论体系。从这个角度讲，跨文化交际学的跨学科、多学科性质即是其特色，自有其优势。由此可见，汉语国际教育和跨文化交际都具有跨学科、多学科的性质，知识来源广博，体系丰富。

二、跨文化交际的学习与汉语国际教育的"交叉"学习

在汉语中，"交叉"一词的基本意义是几个方向不同的线条相互穿过或事物间隔错杂，这就很形象地表现出这两个学科的特点和学习的过程。汉语国际教育是一个独立的本科专业，设置于"文学"门类下，在此之后仍有"教育学"下的硕士和博士学位；跨文化交际并非一个独立的专业，但是仍是一个独立的学科，也有自己的学科体系。跨文化交际和汉语国际教育虽不是一个层级的学科，但由于其多学科性和交叉学科的性质，仍然能够将二者的学习进行类比。

从学生的角度来看，汉语国际教育专业在设置课程时通常会注重基础知识和语言，几乎开设本专业的院校都将汉语的知识（如现代汉语、古代汉语）作为比重最大的课程，其次是英语的课程，很多院校将英语课程提到和汉语同样重要的地位上来，这就导致很多学生自认为是"半个英专生，半个中文系"，这往往会造成学科归属感不强、自身定位找不准的问题，因为在汉语言知识和英语语言知识背后的文化背景之间缺少一个桥梁，二者若不相通，则永远只能是两个独立的知识体系。

因此，汉语国际教育专业的课程中作为"桥梁"的课程（如跨文化交际）的重要性就体现出来了。在掌握了中国文化知识和世界文化知识的情况下，将文化知识的学习推到文化认知、文化理解、文化认同这三个层次上，这样才能顺利地实现中华文化和汉语的对外交流和传播。虽然跨文化交际能力的着眼点在于不同文化之间的相互比较，但是若没有扎实的背景知识，没有对不同文化的足够了解，很难进行全面和准确的比较。因此，在汉语国际教育的学习过程中，不同文化背景的知识和不同学科的知识都是为培

养学习者的提供更高能力奠定基础，而作为跨学科的"桥梁"学科作用则是将基础学科联系起来，打造一个更为完善的知识体系。

　　跨文化交际学科和汉语国际教育专业相类似的一点是学科来源广泛，学生在学习的过程中能够广泛地学习到不同的学科体系中的内容。跨文化交际的学科"大本营"可以说是传播学，因为跨文化交际学的理论主要是传播学学者的努力；同时人类学，尤其是文化人类学对于文化的定义、文化与语言的关系、非语言交际都已经做了许多研究；在心理学领域，主要是社会心理学和跨文化心理学对于跨文化交际学中做出重要的贡献，常有精确的数据和严密的分析；在语言学和语言教学领域提出了在学习英语的同时需要注意目的语的文化，且能利用收集到的语言材料说明跨文化交际中的问题。

　　虽然作为汉语国际教育专业生，我们能对其应用的最主要的方面还是在对外汉语教育的实践中化解跨文化交际出现的问题，但是我们仍然可以在跨文化的过程中从不同的视角来理解问题和解决问题——例如当教学中出现问题，我们可以从跨文化心理学来寻找对策；当从事相关文化交流或者中国文化的推广工作时，我们可以从传播学的视角入手来更好地寻找对策；当与不同文化背景的人进行沟通时我们可以从文化学和社会学的视角来找出其社会中的文化趋向，解读其背后的民族文化：这些都是不同学科的视角，但是最终都能够提升自己的专业素养并且解决问题。

第六章 跨文化交际视角下人才培养的实践研究

第一节 跨文化交际中 ESP 复合型人才的培养

随着英语应用型人才需求量不断增加，ESP 教学已经成为大学英语教学改革的必然趋势。ESP 教学是将语言和专业相融合的教学方式，它具有两个明显特征："一是明确化，针对行业发展的不同需求，培养学生的英语应用能力；二是专门化，培养学习者以英语为媒介在经贸、外交、管理、教育、科技、新闻和法律等方面进行相关专业学科交流的能力。"[①]

一、跨文化交际中 ESP 复合型人才认知层面的培养

英语教学改革已成为高校教学改革关注的对象，其学术水平已经成为评价其综合能力的重要衡量指标。为满足不断出现的新认知和表达需求，语言在使用过程中会不断获取新意义和新功能，为语言的创新与发展创造条件。英语专业研究生与本科生学习不同，研究生最好保证每天至少一篇相关领域文献的阅读量，这样不仅可以提高读、写、译能力，还可以了解业界最前沿的科研动态，获得大量的专业信息。此外，学生在学习和科研中不仅需要阅读大量的外文文献保证知识输入，还需要撰写英文的学术论文或参与学术交流加强输出。因此，研究生不仅需要学习通用英语，还必须了解专业性的学术英语。

---

① 姜毓锋，苗萌.跨文化交际视角下ESP复合型人才培养策略探究[J].黑龙江教育（理论与实践），2020（8）：83.

二、跨文化交际中 ESP 复合型人才行为层面的培养

第一，英语专业学习者要找准自身定位，明确学习方向。就目前来看，英语专业毕业生就业广泛，能在国家机关、各类涉外金融机构、新闻出版单位和旅行社等机构承担商务翻译、经贸文秘和涉外导游等工作；也可在中小学及大中专院校从事教学和科研工作。英语专业学生需要加强自我复合型修养，并在平日多关注"一带一路"建设及本地就业政策，最大限度发挥专业优势。

第二，教师在授课时应遵循适度原则。"一带一路"沿线国家地区众多，要想在短时间内掌握其风土人情并不现实。此外，跨文化交际能力的培养是建立在语言实践基础上的分阶段培养学生的口语交际能力，从而提升口语能力的同时构建信心。

第三，高校应结合"一带一路"政策，对以往重理论教学的培养方式进行改革，调整课程体系，压缩理论培训环节，合理分配英语和汉语课程的比重，通过开设跨文化交际相关课程提升学生对文化差异的敏感度。此外，国家应继续大力投入文化事业，科研人员应注重语言产品研发，如网络课堂教学资源、语言类学习翻译软件和文字输入法等应用。

三、跨文化交际中 ESP 复合型人才情感层面的培养

跨文化交际英语人才的培养应始于双向文化交流意识，语言教学与文化教学并举，要着重加强文化学习。越来越多的高校已经认识到复合型英语人才为社会发展所需。从跨文化角度看，高校更应侧重学生思维模式和价值观的培养，增强学生应对多元文化的敏感度和灵活性，提高学生的表达技能和社会交际技能。

ESP 教学需要学习者去感知。首先，地方院校可以组织学生去往不同的国家或地区游学和参观，这是感受文化差异和冲突最直接、最有效的方式。其次，可以鼓励学生通过观看英文电影和电视剧来了解西方文化风土人情。这里最关键的是选择正确的影视材料，在初级阶段，可选择那些与日常生活比较贴近、故事情节较强的影视材料，如那些经典的"肥皂剧"，坚持由浅入深、循序渐进的原则，通过多模态方式向学生展现原汁原味的西方社会，促使学生提高跨文化交际敏感度。

一个国家、一个民族要建设文化强国，先要具有高度的文化自信，博大精深的中华文化凝聚着中华民族自强不息的精神追求和历久弥新的精神财富。在跨文化交际过程中，对中华文化认同是对中华文化的发扬，体现了我们对中华文化的自信。学校应开设诸如"中国文化概论"之类的选修课，并以英语为载体，梳理中国文化的基本常识和精髓，让学生在有限的学时中学会中国文化的英语表达。使得英语学习者在热衷于学习外国文化的同时也对本国文化了然于胸，在说话时不仅要符合语法规则和说话规则，还要符合文化规范，做到恰当、得体。国家也应大力支持人才向外输送，培养、派遣有意愿投身"一带一路"建设的本国人才，发展孔子学院，传播中国优秀文化。总体而言，在"一带一路"政策下，国家间互通往来，复合型人才不仅要深入了解沿线各国的文化风情，还要传播我国精神文明风貌，促进丝路文明的延续和发展。

综上所述，ESP 教学强调英语学习与文化学习、专业学习和工作交流的结合，与跨文化交际学习相辅相成。从 ESP 教学理念出发，从认知层面了解学科专业知识与异域文化；从行为层面培养学生表达技能及社会交际技能；从情感层面培养学习者正确认识和对待本民族及其他民族文化，从而打造社会所需的复合型人才，使中国与"一带一路"沿线国家形成政治互信、经济融合和文化包容的利益共同体、命运共同体和责任共同体。

第二节　跨文化交际中文化移情能力的培养

所谓跨文化交际中文化移情能力，简单而言就是民族文化和非民族间文化发生融合沟通过程中，可以自觉站在交际对方立场，从不同文化背景角度出发，以追求和谐跨文化交际效果为目标，遵循包容、尊重、理解、平等为交际基本原则，所形成的情感和表象知觉完美结合的一种优秀能力。作为跨文化交际综合能力中的核心，文化移情能力具有多样性、复杂性、融合性等明显特点，对于加深文化交流融合、调节和避免民族矛盾有着广泛且深刻影响，所以是现代高校教育工作的必不可少的内容，值得引起广大教育工作者的关注和实践探索。

一、跨文化交际中文化移情能力培养的重要性

第一，形成跨文化交际能力的核心素养。任何一个民族和国家在发展过程中都形成了自己的民族文化、价值观、民风民俗、习惯、言行、社会制度等，只有理解并重视这些文化差异，才能在跨文化交际交流中，更好地对具体文化形成良好适应力，动态调整不同文化的交流交际行为，正确把握交流交际平衡点，预防和减少此过程发生的不当行为，这就需要跨文化交际者面对异国文化，在感知中坚定公正客观立场，结合主体感知和认知，避免陷入本民族文化固定思维定式，进而形成文化移情能力，顺利实现跨文化交际的目的。由此可见，跨文化交际能力的形成中文化迁移能力是必备的核心素养。

第二，有助于体现文化差异性和多样性。当今社会发展中，文化差异性愈加明显，丰富多彩的不同文化由于存在文化差异所以加大了跨文化交际交流难度。跨文化交际者自身具备文化迁移意识和能力，便于体会不同民族文化的独特魅力，为了充分革新和体现本民族的文化魅力，要不断发奋图强、积极进取，在文化移情能力应用中充分发现文化差异性和多样性，并通过跨文化交际过程对文化差异的借鉴、吸收和融合，促进世界不同民族的交流、有机融合。

第三，有利于提升高校人才的整体水平。高校做好对学生跨文化交际中文化移情能力培养工作，既是高校人才培养模式改革创新的必然趋势，也是顺应经济全球化建设发展的必由之路，对于提升高校办学实力、提高学生整体素质和水平意义重大，可以促使学生树立正确的价值观，发展学生辩证思考能力与文化判断能力，为国家和社会输送源源不断的国际型优秀人才。

二、跨文化交际中文化移情能力培养的科学策略

高校在科学培养学生跨文化交际中文化移情能力工作的研究和实践探索中，要从认知能力、情感能力、行为能力、学习能力等各个角度着手，促进学生形成良好跨文化交际中文化移情能力，实现成功的跨文化交际合作。

第一，加强民族习俗渗透，拉近人际关系距离。大学生文化移情能力

的提高与文化敏感度存在必然联系，教师在教学中有意识地渗透不同文化背景、不同情境中的民族习俗，可以让不同文化主体在进行交流交际中，缩短认知距离，拉近人际关系，给予不同背景文化习俗更多理解和尊重。进而在相应民族环境条件环境中，基于理解民族习俗文化自觉进行正确的行为举止，避免发生跨文化交际不合规范的情况，提高文化移情能力的应用水平。

第二，适度把握文化移情，避免太过或不及。任何一种能力想要全面体现其优越性，就要把握能力的适度发展和应用。跨文化交际文化移情能力也不例外，教师在对学生培养过程中，要坚持文化移情要适度的基本教学原则。所以，高校教师在开展跨文化交际文化移情能力教学与专项训练中，要采取有效策略消除学生内心深处对民族文化中心论的影响以及偏见，引导学生坚决抵制自身思想观念受文化帝国主义的影响，可以在跨文化交际中正确把握适度原则，保证跨文化交际在适宜的文化移情中和谐顺利进行。

第三，创设民主教学氛围，凸显文化平等性。部分大学生文化移情能力不足主要体现在缺失文化平等性方面，这就要求高校对学生文化移情能力培养需做好文化平等性教学工作，引导学生用平等的眼光对不同民族文化进行理性比较，使不同民族文化可以在跨文化交际中时刻处于平等地位。教师有意识创设民主教学氛围，采取角色扮演等实践活动方法，让学生可以走出主观思维定式的局限，从不同角色扮演活动中消除一概而论、主观、刻板的文化认知态度，预防学生在今后的跨文化交际中产生文化偏见。

第四，发展第二课堂，延伸文化移情教学时空。大部分高校教师的教学工作开展都局限于有限的课堂教学时间内和固定的教室空间内，在此状态下，学生跨文化交际文化移情能力发展难免会受到时空限制，不利于发挥第二课堂魅力，令学生的文化移情能力可以随时随地结合自身需求灵活开展。对此，高校教师要着力发展第二课堂，延伸文化移情教学和能力训练的时间、空间，让学生可以在日常生活中注重跨文化交际文化移情能力课外知识获取、技能训练、实践应用，丰富学生文化移情能力的发展机会，促进学生更加深刻理解多元化文化，成长为优秀的跨文化交际人才。

第五，增强师资力量，健全高校人才培养机制。大学生跨文化交际文化移情能力的培养，离不开充足师资力量作为必备基础。教师既是专业课程课堂教学的组织引导者，也是高校人才综合能力培养的实践者，其师资力量直接影响着学生跨文化交际文化移情能力水平。因此，高校要不断增强师资力量，着力打造具有超强跨文化交际文化移情能力的教师队伍，健全高校人才培养机制，将跨文化交际中文化移情能力纳入衡量教师教学水平的考核指标中，同时也纳入评价学生综合素质的考核指标中，用健全完善的人才培养机制，结合强有力的师资基础，为高校大学生提供更优质的跨文化交际文化移情能力教学服务。

综上所述，"文化移情能力是现代社会所需跨文化交际人才的核心素养，在高校教育工作中具有重要意义，是体现文化的多样性和差异性，提升高校人才培养整体水平的有效途径"[①]。现代高校在教育教学工作中，要加大对学生跨文化交际文化移情能力的科学培养，采取有效策略消除学生跨文化交际中的种族偏见、性别偏见等不良影响，引导学生把握文化移情尺度，注重文化平等性，通过发展第二课堂延伸文化移情能力培养的时间和空间，不断增强师资力量，健全高校人才培养体系，让学生的跨文化交际可以在平等、尊重的前提下，运用适度文化移情能力获取成功结果。

第三节　跨文化交际中商务英语人才的培养

一、跨文化交际中商务英语的认知

商务英语是英语的一个重要分支，其用英文可以翻译成 "Business English"。简单而言，商务英语主要指的是用于世界各国的商务活动中的英语。由此可见，英语一旦与商务活动相联系，那么就会涉及商务英语这一形式。一开始，商务英语的内涵和应用都比较狭窄，只是应用于外贸贸易。也正是因为如此，商务英语有了另外一个名称，即外贸英语。在全球化进程的推动下，商务英语的内涵逐渐丰富，外延逐渐拓宽，同时其应用也十分广泛，例如商务英语已经涉及经济、文化、科技、教育等诸多领域。

从商务英语的内涵可以看出，商务英语主要由商务活动和英语两大方

[①]　程艳芳. 跨文化交际中文化移情能力的培养研究 [J]. 理论观察，2021（5）：129.

面组成。商务英语主要以英语为传播媒介来传播与活动相关的内容。因此，商务英语具有普通英语所不具有的特色——商务特色。除此之外，还需要指出的是，商务英语虽然由商务活动和英语共同组成，但并不是两者的简单叠加，而是商务活动与英语的相互作用、相互促进、相互融合的产物。

无论是商务英语交际还是其他形式的语言交际都离不开一定的语言环境。语言环境是各种形式语言交际的前提。在商务语言环境中，商务话语发挥着至关重要的作用。商务话语，简单而言，就是在商务活动中使用的话语，人们在商务活动中广泛应用语言，于是就产生了商务话语。由此可见，商务活动与语言之间本身就存在着密切的联系。语言的使用在很大程度上影响着商务活动的顺利进行，而商务活动的开展也一定程度上影响着语言的使用特点。因此，从事商务活动的人必须根据商务活动的特点选择恰当的语言表达。除此之外，还要明确商务英语的实用性、专业性、针对性等特点，并根据这些特点来进行准确的、规范的商务交流与沟通。

对于国际商务活动而言，其涉及范围、内容、领域都比较广泛，再加上其必须符合客观性、现实性的需求，所以商务英语必须具有丰富的专业术语、专业词汇、专业短语等，只有这样才能保证国际商务活动的顺利进行。并且，商务英语中包含的各种语言信息都与商务活动密切相关，因此，从事商务活动的人必须采用准确、得体的商务用语，否则就会阻碍商务活动的开展。另外，需要说明的一点是，在商务活动中，从事商务的人仅仅具备商务词汇是远远不够的，要想灵活、自如地应对商务活动中的各种问题，其还必须掌握职业套语、专业术语、商务表达、语言转换等知识。

总而言之，商务英语是英语发展的产物，它是英语的一种重要变体。同时，商务英语同旅游英语、科技英语、法律英语等都属于专门用途英语的范畴，它们之间还存在一些共同点，其最大的共同之处就是同属于英语的范畴，具有英语基本语言基础和语言学特征。商务英语尽管是英语的产物，但由于自身的商务属性，它又形成了自身独有的特色——商务特色。另外，商务英语的主要应用环境是商务环境，它是中国与世界各国进行商务交流和商务往来的重要语言工具，商务英语包含的内容非常丰富，既包含一些基础的英语语言知识与理论知识，也包含一些专业的翻译知识，还包含表达方式、人际关系等方面的内容。因此，从商务英语的语言结构来看，商务英语涉及很多的专业术语、专业词汇、职业套语等，同时商务英语中还有很多的委婉语，这些委婉语在商务活动中可以应用于不同的场合和对象。除此之外，商务英语无论是以口语的形式出现还是以书面语的形式出现，使用者都必须注意商务英语语言的准确性、表达的得体性及使用场合的合适性。

（一）商务英语的基础要素

商务英语具有十分广泛的内涵和外延，它是商务活动顺利进行的基础，并在国际商务活动交流与合作中发挥着重要的作用。尤其是随着中国综合国力的提升，中国在国际上进行的商务活动越来越多，商务英语越来越受到重视。商务英语涉及很多的范畴，语言知识、专业知识、文化知识、交际技能、管理技能等都属于商务英语的范畴。

商务英语最为重要的用途之一就是交际。从事商务活动的人必须具有很强的交际能力，这种能力建立在优秀的语言能力的基础上，当然，只具有语言能力的人是不能顺利进行交际的。对于交际能力，也有很多的研究者对其进行了深入的研究，当然最具有代表性的研究者当属美国社会语言学家海默斯（Dwell Hymes）。在他看来，交际能力涉及的范畴很广泛，它不仅包括交际者理解和掌握了这一语言的形式，还包括交际者懂得在具体场合、面对不同的交际对象应该采取怎样的交际方式和交际语言，即根据不同的场合和对象来使用不同的语言形式进行交际的能力。随着研究者对交际能力研究的不断深入，研究者对交际能力的理解已经趋于一致，即交际能力具体涉及五个方面的能力：听力能力、口语能力、阅读能力、写作能力、社会能力。同时交际能力强调一定的得体性和达意性。在实践性方面，商务英语注重良好的实践交际能力。

就商务英语研究而言，商务背景也是其研究的重点。在特定的商务活动环境中，商务交际者的交际技能和语言技能都受商务背景内容的影响和制约。商务交际技能，顾名思义就是在商务活动中商务交际者必须具备的一种技能。这种交际技能不仅涉及语言层面，还涉及非语言层面。在具体的商务活动中，因商务活动的独特性质决定了语言的使用并不是随意的，它的使用与商务背景的具体内容及商务交际者的交际技能有着紧密的关系。同时，在不同的商务活动中，有着不同的商务交际内容，自然其商务交际词汇也不同。商务交际词汇在不同的商务背景中、不同的专业背景中及在不同的上下文语境中有着不同的内涵和意义。如果商务交际者不理解专业词汇的具体内涵和意义，不关注词汇所在的上下文语言，那么他很难顺利进行商务交际和商务翻译活动。在交际实践过程中，具体的交际技能决定了交际者将使用怎样的句型结构、说话语调及说话节奏等。

随着商务英语的不断发展，商务英语翻译也受到人们的广泛关注。商务英语翻译是一个复杂的工程，译者要想翻译出精品佳作，就必须了解商务英语的语言特点、表达方式、背景知识、专业术语等内容。同时，译者在翻译的过程中，应该准确理解原文，在忠实原文内容的基础上，尽可能地将原文作者的思想、意图及原文的内容准确地表达出来。商务英语由于其商务特性，所以它有着很多的专业术语、专业词汇，这些也是译者必须了解和掌握的。另外，需要注意的是，部分比较简单且被人们所熟悉的词汇、短语，由于商务英语的特殊性，这些词汇或短语在商务英语中有着特殊的内涵和意义。通常而言，专业的背景知识信息决定着译者对翻译词汇的选择。译者要想准确地完成翻译任务，就必须掌握两种语言转换的理论知识，还要掌握商务英语所涉及的专业词汇、专业术语、专业表达。在进行具体的商务英语翻译时，译者在利用自己专业知识的同时，一定要结合自己的经验和常识对其进行准确翻译。如果在翻译的过程中，遇到了一些陌生的商务英语专业词汇、术语或短语，译者务必要借助工具或请教他人，千万不能简单地取其表面意思进行翻译，那样有可能造成不可挽回的错误。

无论是在商务活动中，还是在商务英语翻译活动中，从事商务活动的人除了具有相应的语言基础外，还应该具有很强的跨文化意识和跨文化交际能力。商务英语翻译的过程不仅重视两种商务语言相互转换的过程，还涉及两种商务语言背后的文化之间的交流。因此，从事商务活动的人必须在理解相关商务语言的基础上，了解和掌握商务交际双方的风俗习惯、思维方式、表达方式等商务文化。只有在重视语言的基础上重视文化的掌握，才能保证商务英语跨文化交际顺利进行。另外，参与商务活动的双方可能是不熟悉的，甚至是互不相识的，面对这种情况，如果不够了解对方的文化背景及其他信息，就极有可能出现交际失误。身处不同文化背景、使用不同语言的交际者需采用能够让来自不同地区、不同文化背景的人接受的行事方式。

另外，翻译是一个复杂的过程，也是一项比较困难的任务。究其原因，主要是因为翻译不仅涉及两种不同的语言，还涉及两种或多种不同的文化。译者在翻译过程中不仅要掌握两种语言之间的转换，还要了解交际双方在思维观念、风俗习惯、表达方式等方面的文化内涵。这是对译者双语功底、双语文化甚至多元文化的综合考查。基于此，译者必须具有扎实的双语知识，还要熟悉交际双方的文化知识及表达，只有这样才能在国际商务活动及跨文化交流活动中出色地完成翻译任务。

（二）商务英语的语言特点

商务英语源自普通英语，实际上，它是对普通英语的一种延伸，也是普通英语的一种功能变体。因此，商务英语涉及的范围非常广泛，除了基础的英语知识，如语音知识、词汇知识、语法知识、修辞知识、语篇知识、交际知识等，还涉及商务方面的知识，如商务活动表达知识、商务服务知识、商务合作知识、商务金融知识等。除此之外，从技能层面来看，商务英语不仅涉及普通英语的五项基本技能，即听力技能、口语技能、阅读技能、写作技能和翻译技能，还涉及一些具体的实践技能，如跨文化交际、商务合作等。此外还涉及一些先进的技能，包括多媒体技术技能、信息技术技能等。

商务英语涉及内容广泛、应用领域众多，可以根据其应用领域的不同，细分为谈判英语、广告英语等多个应用领域。商务英语作为普通英语的变体，它不仅涉及很多的基础知识，还涉及很多的技能，可见，商务英语不仅是一个新的学科，还是一个十分复杂的学科。另外，商务英语还具有跨学科性，因为它与很多学科交叉融合，例如，与经贸、管理、文化等都有交叉和融合。如前所述，实用性是商务英语最大的特征，商务英语的传播和发展都是以实用性为目的的，进而实现最终的商务交际目标。所以商务英语有着特殊的语言特点，这些语言特点主要集中体现在词汇、句式、语篇、修辞等方面。下面就针对商务英语的语言特点展开探讨研究。

1.词汇特点

无论是贸易、营销，还是法律、管理，几乎所有领域都与商务英语有着紧密的联系，但与此同时，商务英语也有一定的独立性与自身的独特特征。商务英语是普通英语发生社会性功能变体而产生的，它不是特殊语言的范畴。在商务英语研究中，商务英语词汇是其研究的重要内容。所谓商务英语词汇，主要指的是人们在商务活动中普遍使用的、具有一定商务专业性质的、与商务活动相关的英语词汇。它最大的特点就是专业性，也就是具有很强的商务性。同时，商务英语词汇涉及的内容比较广泛，涉及的专业词汇和术语也比较广泛。然而，大多数学习者对于商务英语有所误解，他们简单地认为，商务英语就是各种商务专有词汇汇集而成的英语。

（1）词汇形式的丰富性。商务英语词汇最为显著的特点就是词汇形式丰富多样。"但从词汇的表现形式就可以将其分为三种类型，即公文体形式、广告体形式、论说体形式"①。每种形式有着不同的内容，下面分别进行简要论述。

公文体形式在商务活动中主要集中体现在商务合同、商务信函、商务通知等方面，其具体特点主要是词汇使用集中在书面词汇，且用词比较严谨和规范，同时所使用的词语相对正式、简洁。

广告体形式的商务英语词汇自然集中出现在广告中，这类商务英语词汇涉及的范围极广，更新速度较快，并且经常出现一词多义的现象。这一词汇形式不像公文体形式那样规范、严谨和正式，而是为了商业广告宣传的需要，具有通俗化和口语化的特点。同时，商务广告体为了吸引观众，还会引进一些新造词和外来词，这样能使商务广告更生动，更具吸引性。

论说体不像商务广告体那样口语化和通俗化，它使用最多的就是书面词汇，也是因为如此，论说体所使用的词汇比较严谨和正式。同时，论说体这一形式大多集中出现在商务报告或商务演讲中，其商务报告或商务演讲的内容大多数是推广商品，因此，论说体还具有专业性的特点。

（2）专业缩略语的运用。商务英语词汇涉及范围十分广泛，它不仅词汇形式多样，还有着丰富多样的专业缩略语。实际上，从商务英语词汇的发展历程来看，在商务英语出现时，商业英语缩略语就已经出现了。例如，电报专用缩略语等。只是随着商务英语的发展以及商务英语词汇研究的不断深入，诸如电报专用缩略语在内的旧的商务英语缩略语已经被研究者所淘汰。缩略词不仅在英语中大量存在，它在商务英语词汇也比较常见。专业缩略词的缩略方式也是商务英语词汇研究的重点。通常情况下，一个多音节的商务英语词汇为了表述的便捷性，研究者就会将其去掉一个或一个以上的音节，之后形成的商务英语词汇的音节就会更简短。此外，商务英语专业缩略词还可以省略前面的音节或省略后面的音节，通过这些方式而形成的词汇都属于商务英语词汇的缩略词。这些方式在商务英语词汇缩略

① 郝晶晶．商务英语教学理论与改革实践研究［M］．成都：电子科技大学出版社，2017：10.

中比较常用。例如，词汇 intro 是 introduction 的缩略词，chute 是 Parachute 的缩略词。还有一种专业缩略词是保留了中间的音节，如 flu 是 influenza 的缩略词。

近年来，随着经济全球化的发展及商务活动的日益频繁，从事商务活动的人更倾向于使用商务英语词汇的缩略词，这样不仅能适应经济发展和商务快节奏的要求，还能为商务从业者节省时间和精力，以便他们可以将更多的时间投入商务市场中。目前，商务英语词汇的缩略词已经广泛应用于商务运用、商务结算、商务交流、商务支付等领域。

（3）新词汇层出不穷。商务英语除了具有上述两个特点以外，还具有新词汇多样的特点。随着商务活动的持续增加、国际商业的蓬勃发展，一些新科技、新思想、新工艺、新技术等出现在商务活动中。这些新的"东西"的出现必然会带动商务活动中新的词汇的发展。因为词汇是这些新的"东西"的基础，也是语言的最基本单位。因此，近年来，商务英语中出现了很多新的词汇。

纵观一些新的词汇，如 CyberSpace、online publishing、value added service 可以发现，这些关于商务英语的新的词汇大多都是复合词，也被称为合成词，即两个或两个以上的词汇按照一定的规律、语法、顺序等进行组合，最终形成一个新的词汇。实际上，一词多义在某种程度上也增加了新的词汇。例如，discount 在进出口贸易活动中被翻译为"折扣"，在金融领域则用于表示"贴现、贴现率"。

2.句式特点

商务英语属于一种使用文体，因此，商务英语最突出的句式特点就是严密性、准确性和简洁性。商务英语是在商务活动中使用的英语，正因如此，商务英语这一文体更注重商务内容的时效性、商务表达的准确性及商务活动的逻辑性。所以通常情况下，商务英语的结构比其他文体要复杂和规范，同时商务英语的文体比较正式。因此，商务英语广泛应用于商务投标、商务招标、商务合同等领域。另外，商务英语在句式上力求规范、准确、客观和正式，所以商务英语经常会以长句的形式出现。尽管如此，商务英语的句式基本固定、语言也比较简明。同时，还需要指出的是，一些普通英语中常见的句式如虚拟句式、倒装句式等很少出现在商务英语中。

（1）句式简洁，表达准确。商务英语的句式还体现出简洁性的特点。

这些特征常见于商务英语的排比句、简单句及一些比较简短的复合句中。除了这些句式以外，在商务英语的缩略字母上也能够体现其句式简洁的特点。需要说明的是，对于商务英语的字母缩写，并不是随意的，而是交际双方都认可这种字母缩略，只有这样，才能在商务活动中使用缩略字母。

简洁的句子有利于商务信息的广泛传播，有利于从事商务活动的人理解商务信息，有利于商务活动的顺利开展。

（2）被动句式较常见。汉语的日常表达中通常以第一人称为主，第三人称的使用相对较少，因此，被动句式在汉语表达中并不常见。"而在商务英语中，为了保证叙述过程的准确性和严密性，通常会使用第三人称进行叙述，因此，被动句式在商务英语中比较常见"[1]。这样有利于避免第一人称和第二人称带来的主观臆断现象。

另外，在商务英语中使用被动句式，其强调的重点主要在于"做的内容"和"做的方式"，而不再强调"实施这一动作的人"。由此可见，被动句式在商务英语中发挥着不可替代的作用，例如，被动句式可以提高商务信息的客观性和准确性，也可以增强商务信息的可信度等。因此，在一些要求比较严肃的商务文体中，被动句式更为常见。

（3）经常使用长句、复合句、并列复合句。商务英语的句式简洁而且表达十分准确，这样有利于从事商务活动的人理解和运用商务英语。但是鉴于商务英语的专业性以及严谨性、准确性等特点，商务英语也会经常使用长句、复合句以及并列复合句。尤其是在经贸合同中这些复杂句式比较常见。另外，还需要指出的是，商务英语的句式结构比较复杂，通常需要借助许多短语、从句对句子进行详细的说明与限定，这样，商务英语的句子就容易显得冗长，有些句子甚至能够单独成段。

3. 语篇特点

商务英语在语篇结构方面注重逻辑性，强调语篇内容的连贯性，在通常的表达中首先进行的是综合思维，然后进行的是分析思维。由此可见，商务英语在语篇表达中具有一定的独特性和共性。同时，语篇特点在很大程度上能够集中体现其词汇特点与句式特点。综合来看，商务英语的语篇结构合理、语言简练、内容具体、论述客观。下面针对商务英语的语篇特

---

① 姜伟杰. 商务英语教学理论研究 [M]. 长春：吉林大学出版社，2016：12.

点展开具体分析。

（1）标题简洁醒目，多用缩略语。通常而言，商务英语语篇的标题都比较简洁醒目，透过标题能够准确地表现语篇论述的主要内容。同时，商务英语语篇的标题还要生动形象，这样能够吸引更多的读者，发挥更大的影响力。

除此之外，商务英语的标题通常采用简单句式。而这些简单句式又常以陈述式、疑问式等为主。同时，商务英语标题还具有简洁性、突出主题性的特点，因此，商务英语的标题还会加上一些标点符号，以便进一步突出商务英语的标题特点。如破折号、冒号等比较常见，而句号一般不会被使用。

（2）语体规范正式。商务英语是一种以商务活动为主题的专门用途英语。商务英语的商务特色，决定了商务英语在使用和表达中不能像普通英语那样随意和口语化。换言之，商务英语在具体使用过程中，从事商务活动的人必须在遵循平等合作的基础上，使用规范化、正式化、通用化的商务语体进行沟通和交流。由此可见，语体的规范正式也是商务英语语篇的一大特色。

（3）行文结构要遵循一定的固有模式。商务英语主要用于跨国商务活动中，它的使用语境较为特殊。因此，商务英语在语篇结构上通常使用固有模式。这种语篇特点在商务英语信函中比较常见。以下探讨两种常用的商务英语行文结构模式：

解析型语篇结构模式。解析型语篇结构模式在商务英语语篇中经常使用。解析型语篇结构模式首先就是将整体进行分割，使其整体问题转化为一个个小的问题，然后再对这些小的问题进行详细分析。一般而言，在购销合同与个人简历中会大量使用解析型的语篇结构。

比较—对比型语篇结构模式。在商务英语语篇中，要想论述商务英语商品、服务等方面的相同点和不同点，可以在商务语篇中采用比较—对比型语篇结构模式。比较是对两个方面的相似性分析，而对比主要是对两个方面的不同之处进行的分析。比较—对比型语篇结构模式常见于商务英语的信函、商务英语调查报告中。

4.修辞特点

（1）委婉。商务英语主要运用于商务活动。而从事商务活动的人来自不同的国家或地区，这些来自不同国家或地区的人主要运用商务英语这一语言进行交际。在交际过程中，难免会出现表达、认知和情感不同的现象。为了使其能够顺利交际，还能从理智和情感上接受对方的想法或观点，可以在表达中运用委婉、模糊的话语。委婉语或模糊语的内涵并不大，而外延却不小，这样能够使交际双方的观点更容易被对方接受，它具有很大的包容性特点。同时，委婉语和模糊语还具有一定的弹性，能够给从事商务活动的人留下一定的空间，这样从事商务活动的人就可以在此空间中进行思考和想象。除此之外，从事商务活动的人在使用委婉或模糊的商务英语进行交际时，还必须遵循礼貌原则。只有这样，从事商务活动的人才能在商务活动中顺利沟通和交流，从而为商务合作奠定基础。

（2）夸张。商务英语不仅经常使用委婉的修辞方法，还会使用夸张的表达方式。夸张在商务英语中起着重要的作用。这里需要强调的一点是，夸张并不是随意地夸大，也不是毫无根据地进行运用，而是从事物的本质入手，从内在层次使用夸张的修辞手法。换言之，夸张必须是以事物的本质为基础，运用想象的方式，对事物的特征、内在进行夸大，从而达到增强事物表达效果的目的。在商务英语中运用夸张，不仅能够提高语言的感染力，达到意想不到的效果；有的时候还有利于商务活动目标的顺利完成。另外，商务英语广告中经常使用夸张手法，其目的主要是起到点石成金的效果。同时，夸张手法因其语言简练、表达准确等特点在很大程度上促进了商务英语广告的传播。

（3）排比。排比是一种常见的修辞手法。它在汉语、英语表达中都起着至关重要的作用。排比其实就是把结构、意义、语气等相同或相近的词语、句子并列使用的一种手法。排比的结构是对称的，虽然在表达中并没有明确对不同事物之间的相同点、不同点或内在关系进行说明，但交际双方能够从中了解到不同事物之间的内在关系、异同点等。在商务英语语篇中使用排比结构，可以使文章表达更具节奏感，有助于将重要内容表达得更为清晰。

二、跨文化交际中商务英语人才培养的策略

全球经济一体化和国际贸易活动的频繁，使对商务英语人才的需求也大增。而在人才需求的同时，对人才英语知识能力的要求也越来越高。因此，

面对不断变化的市场需求，如何提升学生的商务英语能力，最终提升其职业能力，已成为高校英语教学改革思考的重点。

（一）注重商务英语教学，渗透跨文化交际意识

随着时代的发展，国际交往愈发密切，而语言在国际商务活动交际中也发挥着越来越重要的作用。为了更好地培养学生们主动利用英语的积极性，我国专门开设了商务英语教学。这样不仅可以使学生们在日常交际活动中学会使用英语，还可以在国际商务交流中流畅地使用英语。在商务交流中，会面对形形色色的商人，他们来自不同的国家、不同的地区或不同的民族。当与不同国家和地区的商人进行商务会谈时，尤其是涉及价格谈判、合同履行等谈判时，商务人员之间的交流就显得尤其重要，需要不断地进行沟通交流，而其中的语言文化差异也会逐渐显露出来。例如，与中东地区的客商洽谈时使用的语言、交流方式肯定与欧美客商不同。若是在商务会谈过程中，连最基本的沟通交流都无法保证，则生意的成功就无法保证。根据以往的经验分析，在我国的外销员首先都要学会准确得体地使用英语，以保证能够和外商达成流畅恰当的交流。

（二）适应国际形势，充实跨文化交际的内容

第一，价值观——跨文化交际的实质。中西方的价值观有所差异，这在国际贸易中也有很好的体现。贸易并不只是单纯的货物交易，更多的是不同国家、不同民族间的文化交流。每件货物的功能可能大同小异，但背后所蕴含的设计风格都反映了不同的历史文化、传统、风俗习惯等多方面的差异。例如，我国的工艺陶瓷、刺绣产品。除此之外，应该正确地认识国际贸易的实质——价值观，很多时候，国际贸易过程中出现的问题就是因为价值观不同导致的。

第二，言语行为——跨文化交际的外化。价值观只是一种非常抽象的概念，言语与非言语则是跨文化交际的具体表现。在国际商贸活动中，买卖双方都将通过言语与非言语行为来进行沟通交流，如在商会中涉及的一些接待礼仪问题。有时在我们眼中自以为热情周到的服务，在外国人眼里却显得有些莫名其妙，有时还会无意惹怒对方。这也说明应正确地认识不同国家地区之间产生的文化差异，避免犯一些错误。

（三）商务英语教学中跨文化交际的渗透方法

在商务英语教学中，要贯彻"学知识、学做事、学做人"的教学理念。"学知识"就是教育学生学习基础的英语理论知识，这也是"学做事"和"学做人"的基础。当然，应学会将理论与实践相结合。而商务英语专业旨在培养合格的跨文化交际人才，为此，应注意以下方面：

第一，重点培养学生的国际交际能力。为培养学生的跨文化能力，应为学生创造良好的语言文化环境和交流氛围，使学生可以与英语运用者自由沟通交流，这样可以使学生更深入地了解异域风土人情等。为此，教师应在教学过程中鼓励学生积极与外籍学生或教师接触、交流、互相学习。同时，学校应尽可能为学生提供实习实训项目走出校园。以此达到东西方文化的碰撞交流，提高学生的合作意识、交际能力、语言表达能力等，增强学生的跨文化交际能力。

第二，适应时代发展，更新课程安排设置。当前，我国高校的商务英语专业虽已开设知识性文化相关课程，但这些课程并不能很好地提高学生的跨文化交际敏感性、熟练度及领悟能力。为此，可增设社会语言学等课程，从而引导学生了解英语教学的相关知识。同时，可以创新式地开创用英语来讲授中国传统文化课程。这样不仅可以帮助学生对传统文化知识有更透彻的了解，还可以培养其良好的跨文化交际能力。

第三，注重课堂理论与课下实践。当前，商务英语教学使用的教材多数都是在特定的商业文化环境中总结得出的，其内容涉及十分广泛，包括国际商务人文环境、文化等多方面。而文化背景知识并没有在教材中作出解释说明，这对学生正确理解和学习教材内容造成了很大的障碍。这就要求教师在教授过程中作出详细的解释说明，同时还要结合实践应用，如商务英语视听说、商务英语函电写作和商务谈判等。或者可以通过角色扮演来亲身体验商务活动中各人物的思维、行为等。这样可以使学生了解丰富多彩的社会文化、传统风俗，让学生做到理论与实践相结合，将学到的知识充分应用到实践中。例如，在进出口业务模拟谈判大赛中，就是通过国际商务谈判中跨文化交际内容的体现来进行评定，还可以利用直观教具如图片、幻灯片、电影、电视等多样的形式，积极开展视听说的训练。

第四，增强英语思维能力的训练。许多之前没有进行过英语思维能力训练的学生都会陷入一个误区，即仅仅是将听到的东西简单直接地翻译成自己的母语，储存在大脑里，在需要表达时，将自己想说的话下意识地寻找母语的表达方式，再翻译成英语叙述出来。而这样表达出的语言不符合英语的语言表达习惯。因此，应通过情景教学、任务型、交际型教学等教学模式，将学生带入以"英语文化背景"为主的情景中，让学生学会使用英语来进行思维，提高英语的思维能力。

参考文献

一、专著

[1] 陈国明 . 文化交际学 [M]. 上海：华东师范大学出版社，2009.

[2] 陈仲庚 . 中西文化比较 [M]. 广州：羊城晚报出版社，2015.

[3] 郝晶晶 . 商务英语教学理论与改革实践研究 [M]. 成都：电子科技大学出版社，2017.

[4] 何树勋 . 跨文化交际下的大学英语教学改革模式研究 [M]. 成都：四川大学出版社，2019.

[5] 姜伟杰 . 商务英语教学理论研究 [M]. 长春：吉林大学出版社，2016.

[6] 李庆本 . 中外文化比较与跨文化交际 [M]. 北京：北京语言大学出版社，2014.

[7] 林梅 . 校企合作与人才培养 [M]. 长春：吉林人民出版社，2019.

[8] 刘荣，廖思湄 . 跨文化交际 [M]. 重庆：重庆大学出版社，2015.

[9] 阮桂君 . 跨文化交际与实践 [M]. 武汉：武汉大学出版社，2017.

[10] 斯蒂芬·李特约翰 . 人类传播理论（第 7 版）[M]. 史安斌，译 . 北京：清华大学出版社，2009.

[11] 隋虹 . 跨文化交际理论与实践 [M]. 武汉：武汉大学出版社，2018.

[12] 许丽云，刘枫，尚利明 . 大学英语教学的跨文化交际视角研究与创新发展 [M]. 北京：中国商务出版社，2020.

[13] 严明 . 跨文化交际理论研究 [M]. 哈尔滨：黑龙江大学出版社，2009.

[14] 张笛 . 汉语儿童句末语气词获得研究 [M]. 北京：新华出版社，2019.

[15] 张红玲 . 跨文化英语教学 [M]. 上海：上海英语教育出版社，2007.

[16] 郑春华.跨文化交际与英语文化教学 [M].北京：国家行政学院出版社，2018.

[17] 周晓娴.多元化文化理念与当代英语教学策略研究 [M].天津：天津科学技术出版社，2017.

[18] 祖晓梅.跨文化交际 [M].北京：英语教学与研究出版社，2015.

二、 期刊

[1] 陈媛媛.大学英语教学中跨文化交际能力的培养——从传播学的角度谈起 [J].徐州教育学院学报，2008，23（2）：115-116.

[2] 程艳芳.跨文化交际中文化移情能力的培养研究 [J].理论观察，2021（5）：129.

[3] 崔伟.校企合作人才培养视角下高校英语教育机制研究 [J].作家天地，2020（9）：35.

[4] 胡雅倩.国际背景下跨文化传播英语交际人才培养策略 [J].卫星电视与宽带多媒体，2019（16）：50-51.

[5] 黄芳，庄朝蓉.跨文化交际中的语用失误及其在英语教学中的应对策略研究 [J].四川省干部函授学院学报，2017（4）：101-103.

[6] 姜毓锋，苗萌.跨文化交际视角下 ESP 复合型人才培养策略探究 [J].黑龙江教育（理论与实践），2020（8）：83.

[7] 李丹宁.对外汉语教育与俄汉跨文化交际人才培养 [J].继续教育研究，2018（5）：113-119.

[8] 李艳.大学英语教学改革的必要性及其现状探讨 [J].英语广场，2018（11）：76.

[9] 孟洋.基于文化教学视角探析高校英语人才培养 [J].人才资源开发，2012（9）：95.

[10] 祁伟.对外汉语教学中的中华传统文化传播策略 [J].湖北函授大学学报，2017，30（7）：97-98+172.

[11] 沈学恩.基于跨文化交际视角的商务英语人才培养实践 [J].中国商论，2017（15）：190-191.

[12] 王丽."一带一路"对外汉语传播的创新模式 [J].青年记者，2017

（32）：41-42.

[13] 王灵玲.高校复合型英语人才培养研究 [J].教育探索，2012（1）：48.

[14] 王娜，闻永毅.浅谈《伤寒论》罗希文译本中的几个翻译问题 [J].中国翻译，2020（5）：130-135.

[15] 吴莉.对外汉语文化传播中的茶文化传播研究 [J].福建茶叶，2017，39（04）：259-260.

[16] 徐春暄.论汉语国际教育的跨文化交际传播策略 [J].采写编，2021（3）：123.

[17] 薛靓.对外汉语文化因素中的茶文化知识教学研究 [J].福建茶叶，2017，39（05）：279-280.

[18] 易红.跨文化交际视角下提升第二语言教学质量——评《跨文化交际与第二语言教学》[J].中国教育学刊，2017（10）：118.

[19] 张慧.跨文化交际的语用问题研究 [J].现代交际，2018（5）：91-92.

[20] 张彦群.浅议跨文化交际能力的培养 [J].四川理工学院学报（社会科学版），2005（1）：82-87.

[21] 张矣.论无声语言在社会交际中的作用 [J].长江大学学报（社会科学版），2009，32（4）：102.

[22] 张立光，周颜红.影响跨文化交际的文化因素和心理因素 [J].东北师大学报：哲学社会科学版，2008（6）：4.

[23] 邓道宣，李佩芫.培养跨文化意识提高英语教师素质 [J].乐山师范学院学报，2002，17（1）：93.

[24] 武红霞.论跨文化交际下大学英语教学模式构建策略 [J].英语广场（下旬刊），2020（1）：28.

[25] 赵春芳 杜萌萌.跨文化交际中的文化负载词研究 [J].汉字文化，2021（19）：94-96.

[26] 赵玉敏.跨文化交际中的语用策略研究 [J].漯河职业技术学院学报，2008，7（6）：99.